Bernhard von Kugler

Neue Analekten zur Geschichte des zweiten Kreuzzugs

Bernhard von Kugler

Neue Analekten zur Geschichte des zweiten Kreuzzugs

ISBN/EAN: 9783743601611

Hergestellt in Europa, USA, Kanada, Australien, Japan

Cover: Foto ©ninafisch / pixelio.de

Manufactured and distributed by brebook publishing software (www.brebook.com)

Bernhard von Kugler

Neue Analekten zur Geschichte des zweiten Kreuzzugs

VERZEICHNISS
DER
DOCTOREN
WELCHE
DIE PHILOSOPHISCHE FACULTÄT
DER
KÖNIGLICH WÜRTTEMBERGISCHEN EBERHARD-KARLS-UNIVERSITÄT
IN TÜBINGEN
IM DECANATSJAHRE 1882 1883
ERNANNT HAT

BEIGEFÜGT IST EINE ABHANDLUNG

NEUE ANALEKTEN
ZUR
GESCHICHTE DES ZWEITEN KREUZZUGS

VON

Dr. BERNHARD KUGLER
ORDENTLICHER PROFESSOR DER GESCHICHTE AN DER UNIVERSITÄT TÜBINGEN

TÜBINGEN
DRUCK VON LUDWIG FRIEDRICH FUES
1883

Während des Dekanats des Professors Dr. SOCIN 1882/83 wurden von der philosophischen Fakultät zu Tübingen aus der Zahl von 33 Bewerbern zu Doctoren ernannt:

1. Johannes MAYERHOFER a. Haidenhofen (Geschichte) d. 22 Mai 1882.
2. Johannes PETZ aus München (Geschichte) d. 22 Mai
3. Edmund STRAETER aus Applerbeck (germ. Philol.) d. 9 Juni
4. Ernst FÖHR a. Ölbronn, Pf. in Breitenberg (Philos.) d. 12 Juni
5. Max AUCKENTHALER aus Lausanne (roman. Philol.) d. 24 Juni
6. Emil REICHENHARDT a. Memmingen (class. Philol.) d. 6 Juli
7. Joseph KEUTER aus Grosshau (romanische Philol.) d. 6 Juli
8. Georg GALLAND aus Posen (Kunstgeschichte) d. 6 Juli
9. Hermann ÖLSCHLÄGER a. Schweinfurt (Archäologie) d. 24 Juli
10. Christian RUPRECHT aus München (Geschichte) d. 27 Juli
11. Meno HOLST aus Oldenburg (germanische Philol.) d. 2 Aug.
12. Hermann STERN aus Prag (classische Philologie) d. 3 Aug.
13. Adolf BENKERT aus Gütersloh (classische Philol.) d. 10 Aug.
14. Albert BACMEISTER aus Neckarthailfingen, Stadtpfarrer in Öhringen (Philosophie) d. 14 Aug.
15. Friedrich KÖSTLIN aus Beilstein, Diac. in Langenau, (hebräische Literaturgeschichte) d. 15 Aug.
16. Adolph SCHWARZ aus Marienberg (Geschichte) d. 6 Nov.
17. Hermann LUDWIG aus Hall, Prof. in Geislingen (classische Philologie) d. 14 Dec.

18. Ulrich Höfer aus Stuttgart (class. Philologie)   d. 14 Dec. 1882.
19. C. R. Theobald Ziegler a. Göppingen, Prof. und
    Conr. am prot. Gymn. in Strassburg (Philos.) d. 7 Jan. 1883.
20. Moritz Hoymann a. Kellen b. Köln (roman. Philol.) d. 20 Jan.
21. Franz Xaver Seidl a. Regensburg (roman. Philol.) d. 25 Jan.
22. Anton Kruszewski a. Wartenberg (Philosophie)   d. 1 Febr.
23. Johannes Schwatlo aus Berlin (Archäologie)   d. 26 Febr.
24. Hans Hennig aus Königsberg (Philosophie)   d. 26 Febr.
25. Christian Seybold aus Waiblingen (semit. Philol.) d. 13 März
26. Paul V. E. Wurster aus Hohenstaufen (hebräische Literaturgeschichte)   d. 13 März

Erneuert wurde das vor fünfzig Jahren ertheilte Doctordiplom den Herren

1. Moses Wassermann, Kirchenrath in Stuttgart   d. 31 Mai 1882.
2. Georg Wilhelm Hopf, Rector der Handelsschule in Nürnberg   d. 21 Aug.
3. Friedrich Vischer, Professor am Polytechnicum in Stuttgart   d. 19 Sept.
4. Gustav v. Binder, Präsident ausser Dienst   d. 28 Sept.
5. Eduard Breitschwerdt, emerit. Professor des Gymnasiums in Ulm   d. 12 Oct.
6. Eduard Eyth, emerit. Ephorus der Seminare von Schönthal und Blaubeuren, in Ulm   d. 21 Febr. 1883.

Dr. BERNHARD KUGLER
ORDENTLICHER PROFESSOR DER GESCHICHTE AN DER UNIVERSITÄT TÜBINGEN

NEUE ANALEKTEN

ZUR

GESCHICHTE DES ZWEITEN KREUZZUGS

Vorbemerkung.

Die „neuen Analekten" sollten nach meiner ursprünglichen Absicht eine Reihe von Streitfragen nicht bloss aus dem Zeitalter des zweiten, sondern auch aus dem des ersten Kreuzzugs behandeln. Unter den letzteren hatte ich namentlich die Kontroverse im Auge, die zwischen Sybel und mir hinsichtlich Alberts von Aachen schwebt. Der Zeitpunkt für die Veröffentlichung der vorliegenden, an eine amtliche Publikation sich anschliessenden Schrift ist aber so schnell herangekommen, dass ich für diesmal nicht Alles, was ich wünschte, zu vollenden vermochte. Ich hoffe jedoch das jetzt Versäumte sehr bald an einem andern Orte nachholen zu können.

Tübingen im März 1883.

Inhaltsverzeichniss.

	Seite
I. Bernhard von Clairvaux	5
II. Kinnamos	29
Nachwort	51

I.
Bernhard von Clairvaux.

Im vorigen Jahre (1882) hat ein junger Historiker, Carl Neumann, eine kleine Schrift (Bernhard von Clairvaux und die Anfänge des zweiten Kreuzzugs, Heidelberg, Carl Winter's Universitätsbuchhandlung) veröffentlicht, die eine Reihe polemischer Erörterungen gegen von mir früher vorgetragene Ansichten enthält. Neumann hat eifrig in den Quellen geforscht und die Ergebnisse seines Suchens nicht ohne Geist zu neuen Kombinationen verwerthet, so dass seine Arbeit auf den ersten Blick einen recht guten Eindruck macht. Nach eingehender Prüfung kann ich dieses günstige Urtheil freilich nicht ganz aufrecht halten. Denn abgesehen von einigen Nebenpunkten, in denen die Forschung weiter geführt ist, scheinen mir die Ansichten, die ich vor Jahren in den „Studien zur Geschichte des zweiten Kreuzzugs" und in den „Analekten zur Geschichte des zweiten Kreuzzugs" veröffentlicht habe, nicht widerlegt, geschweige durch bessere ersetzt zu sein.

Eine der Wurzeln des zweiten Kreuzzugs liegt im Morgenlande. Die dortigen Christen haben bei ihren europäischen Glaubensgenossen um Hilfe gebeten, und so wenig Genaues wir von diesen Hilfsbitten wissen, so dürfen wir doch immerhin sagen, dass dieselben vornehmlich von Antiochien ausgegangen sind und dass hierbei Bischof Hugo von Djebeleh eine hervorragende Rolle gespielt hat. Das Gewicht, welches ich mithin auf Antiochien gelegt habe und noch lege, scheint meinem Gegner (S. 7) insofern unberechtigt, als die Voranstellung Antiochiens vor Jerusalem, die sich in einer unserer Quellenschriften findet, bedeutungslos sei, weil z. B. auch Otto von Freising in anderm Zusammenhang dieselbe Reihenfolge zeige (gesta Frid. I 34). Neumann stützt sich jedoch mit Unrecht auf Otto von Freising. Denn Otto erwähnt in der citirten Stelle Antiochien nur desshalb vor Jerusalem, weil die sedis patriarchalis Antiochena schon im Jahre 1098 durch die Kreuzfahrer erobert worden ist, die sedis patriarchalis Hierosolymitana aber erst 1099. Von Hugo von Djebeleh wissen wir sicher, dass er von den Königen Deutschlands und Frankreichs Hilfe für Syrien zu erbitten beabsichtigt hat. Ausserdem knüpft sich an seine Person noch eine Reihe von Muthmassungen, die ich früher mit möglichster Vorsicht zu umgränzen versucht habe und die einzuschränken oder auszudehnen ich mich durch Neumann in keinem Punkte veranlasst finde (vergl. den nächsten Absatz).

Eine andere Wurzel des zweiten Kreuzzugs liegt in Frankreich. Der junge König Ludwig VII. hat auf einer grossen Versammlung in Bourges um Weihnachten 1145 den Wunsch ausgesprochen, eine Kreuzfahrt zu unternehmen. Seine Umgebung hat ihm theils beigestimmt, theils widersprochen und wegen ihres Zwiespalts die letzte Entscheidung zuerst dem heiligen Bernhard von Clairvaux, schliesslich jedoch dem Papst Eugenius III. übertragen. Hier hat Neumann darauf aufmerksam gemacht, dass nach der Fassung unserer Quellenschriften Bernhard von Clairvaux nicht, wie bisher angenommen, in eigener Person nach Bourges gegangen sein könne. Dies scheint mir richtig zu sein. Aber wir gewinnen dadurch Nichts weiter, als dass Bernhard sein damaliges Gutachten über den Wunsch des Königs diesem nicht selber vorgetragen, sondern durch seine Feder oder den Mund eines Boten übermittelt hat. Die Hauptfrage, die sich an die Versammlung von Bourges knüpft, betrifft nach wie vor die Entstehung eines päpstlichen Schreibens, das in zwei Datirungen — vom 1. Dezember und vom 1. März — vorliegt und entweder am 1. Dezember 1145 (zur Zeit als Hugo von Djebeleh in Rom war) oder am 1. März 1146 (als Antwort auf die Anfrage der Versammlung von Bourges) abgefasst ist. Im letzteren Falle würde das (von Otto von Freising überlieferte) Datum des 1. Dezembers auf eine spätere Kopie des Schreibens, d. h. auf den 1. Dezember 1146 zu beziehen sein. Die Entscheidung der Frage ist von nicht geringer Bedeutung, da von ihr das Urtheil über die damalige Politik der römischen Kurie grossentheils abhängt. In den „Studien zur Geschichte des zweiten Kreuzzugs" bin ich für den 1. März 1146 eingetreten, weil mir hiermit alle Zweifel am Einfachsten und Ungekünsteltsten gelöst schienen und noch scheinen. Da jedoch Giesebrecht in der „Geschichte der deutschen Kaiserzeit" trotzdem am 1. Dezember 1145 festgehalten hat, so habe ich in den „Analekten zur Gesch. des zw. Kr." die Frage einer wiederholten Prüfung unterworfen und in Berücksichtigung, dass der Giesebrechtschen Ansicht nicht jede Berechtigung bestritten werden darf, Alles hervorgehoben, was irgend für dieselbe angeführt werden kann. Hiernach habe ich als möglich, zum Theil sogar wahrscheinlich bezeichnet, dass Hugo von Djebeleh den Papst zur Abfassung eines zum Kreuzzug auffordernden Schreibens angeregt und am 1. Dezember 1145 das vorliegende, aus guten Gründen (vergl. den Schluss dieser Abhandlung) nur an die Franzosen, nicht aber auch an die Deutschen gerichtete Schreiben erhalten, jedoch von demselben, durch unbekannte Zwischenfälle verhindert, keinen Gebrauch gemacht habe, so dass schliesslich nach der Versammlung von Bourges die Neuausfertigung des Schreibens am 1. März 1146 sich gleichsam von selber ergab. Neumann ist von diesem Ergebniss durchaus nicht befriedigt. Er meint, über blosse Möglichkeiten und Wahrscheinlichkeiten hinausgelangen, eine völlig gesicherte Entscheidung fällen und zwar den 1. März 1146 als den zweifellosen Entstehungstag des Schreibens nachweisen zu können. Die Schlussfolgerung, mit der er dies versucht, ist mir insofern willkommen, als meine ursprüngliche und seine Ansicht sich vollkommen decken und zugleich, wie oben berührt, die einfachste Lösung der schwierigen Frage darbieten. Unser Quellenmaterial ist jedoch so dürftig, dass ein schlechthin zwingender Beweis weder für 1145 noch für 1146 zu führen und Giesebrecht's Ansicht desshalb auch jetzt noch nicht unbedingt zu verwerfen ist. Neumann polemisirt theils recht unglücklich (z. B. S. 19, wo er bei sachgemässer Beachtung der oben hervorgehobenen guten und sehr bekannten Gründe die gegen mich gerichteten Fragen gar nicht hätte niederschreiben können), theils bringt er trotz umständlichster Erörterung nichts Neues zur Entscheidung des Streites herbei. Denn wenn er auch aus dem Inhalt des Schreibens nachzuweisen versucht, dass dasselbe sich nur auf 1146 beziehen könne und für 1145 geradezu unverständlich sei, so dürfte er hierfür doch schwerlich Glauben finden. Einige Wendungen des päpstlichen Schreibens scheinen allerdings auf 1146 als Abfassungszeit desselben hinzudeuten, andere Wendungen zeigen aber dieselbe Beziehung zu 1145, und zur Begründung eines eigentlichen Beweisverfahrens reichen sowohl diese wie jene entfernt nicht hin. Es bleibt desshalb einstweilen dabei, dass das Schreiben jedenfalls erst nach dem 1. März 1146 in weiteren Kreisen bekannt geworden und vielleicht erst an diesem Tage entstanden, möglicherweise jedoch schon am 1. Dezember 1145 entworfen ist.

Nach dem Bekanntwerden dieses Schreibens hat Bernhard von Clairvaux zuerst in Frankreich und darnach in Deutschland das Kreuz gepredigt. Seine Reise nach Deutschland ist veranlasst durch das Auftreten eines Mönches Radulf, der die Anwohner des Rheins, ohne zur Kreuzpredigt berechtigt zu sein, zur Theilnahme an der Wallfahrt und zu wüsten Judenverfolgungen fanatisirte. Der Abt von Clairvaux hat den Eindringling beseitigt, dann aber selber in den Rheinlanden (auch er hier ohne höhere Autorisation) das Kreuz gepredigt und schliesslich grosse Massen unserer Nation sammt König Konrad III. in die Bewegung hineingerissen. An seine Thätigkeit auf unserem Boden knüpft sich die Frage, wann und unter welchen Umständen er sein grosses, in vielen Abschriften, die bei verwandtem Inhalt sehr verschiedene Adressen tragen, überliefertes Kreuzzugsrundschreiben verfasst hat. Ich habe mich von jeher dahin entschieden, dass aller Wahrscheinlichkeit nach die „An Bischof, Klerus und Volk von Speier" lautende Adresse die ursprüngliche sei, und Giesebrecht ist mir hierin gefolgt. Im Zusammenhang damit habe ich angenommen, dass das Rundschreiben erst im Dezember 1146 (kurz vor einem nach Speier berufenen Reichstag) geschrieben sei und insofern Zeugniss dafür ablege, in wie eigenthümlichem Gange, äusseren Antrieben folgend, die Kreuzpredigt des Abtes von Clairvaux sich entwickelt habe. Neumann weist dies weit von sich. Nach seiner Ansicht ist das

Rundschreiben viel früher entworfen, und den zwei für uns interessantesten Exemplaren desselben, die „an die Speirer" und „an die Ostfranken und Baiern" gerichtet sind, können — nach seiner Meinung — sehr viele andere, an sonstige deutsche und nichtdeutsche Städte und Volksstämme gerichtete und gleichzeitig mit jenen beiden angefertigte Exemplare zur Seite gestanden haben. Bei dem Beweis, den er zu führen unternimmt, beruft er sich gelegentlich auf die Verschiedenheit der Grundanschauungen, von denen er und ich ausgehen sollen, ohne jedoch hierdurch, soweit ich sehe, die Entscheidung der Streitfrage irgendwie zu fördern. Sodann versucht er (S. 37 ff.) die Reiseroute Bernhards von Clairvaux im Herbst 1146 genauer, als bisher möglich gewesen, festzustellen, und erlangt hierbei einen schätzenswerthen kleinen Erfolg; für die Datirung des Kreuzzugsrundschreibens hat derselbe aber schliesslich keine Bedeutung. Ebenso verhält es sich auch mit einem Briefe Sankt Bernhards an König Konrad (ep. Bern. 183, Migne patrol. curs. CLXXXII 288), über den Neumann (S. 42 ff.) sich ausführlich verbreitet. Er nimmt den Brief, wie mir scheint mit Recht, für das Jahr 1146 in Anspruch, während als Abfassungszeit desselben bisher 1137, 1140 oder 1150 vorgezogen wurde. Konrad hat sich darnach bei Bernhard beklagt, dass die Kreuzpredigt schlimme Früchte für Deutschland gezeitigt habe. Der Abt stimmt mit kurzen Worten in die Klage des Königs ein und schliesst seinen Brief mit der Bemerkung: Sunt quae non putavi scribenda; praesens ea fortassis opportunius intimarem. Sind wir jedoch hierdurch in Kenntniss gesetzt, worüber Sankt Bernhard mit dem König zu reden wünschte? Etwa gar über dessen Kreuznahme, so dass der Plan des Abtes, den König zu derselben zu bereden, schon von langer Hand vorbereitet und der Aufruf der deutschen Nation zum Kreuzzuge ebenfalls weit zurück zu datiren wäre? Aber wann, d. h. in welcher Jahreszeit, hat denn Sankt Bernhard an den König geschrieben? Im Sommer, als er noch in Frankreich verweilte, im Anfang des Herbstes auf seiner Reise durch Flandern, oder im November, nachdem er schon den deutschen Boden betreten hatte? Von Alledem wissen wir ja Nichts.

Ergiebiger ist eine Vermuthung, die Neumann über den Text des Rundschreibens ausspricht. Dasselbe scheint ihm aus zwei Theilen zu bestehen, aus dem eigentlichen Rundschreiben, zwei Drittel des Ganzen umfassend, und aus den drei Schlussabsätzen, die einem früheren Schreiben Sankt Bernhards an die Deutschen, bezüglich irgend welche deutschen Städte oder Stämme, entnommen seien. Diese Vermuthung klingt sehr ansprechend, weil die drei Schlussabsätze in Sinn und Ton dem voranstehenden Schreiben allerdings ein Wenig nachhinken. Für die obige Streitfrage ergibt sich aber daraus, dass das einzige ernstere Bedenken, welches meiner Ansicht bisher entgegenstand, beseitigt erscheint. Denn gerade in den Schlussabsätzen finden sich einige Worte, die Otto von Freising in Verbindung mit gewissen, vor dem Dezember 1146 eingetretenen Ereignissen erwähnt und die meiner Schlussfolgerung, dass das ganze Rundschreiben erst im Dezember verfasst sei, früher nicht unerhebliche Schwierigkeiten bereiteten (vergl. Analekten S. 52 ff.). Sind nun die Schlussabsätze in Gestalt eines selbständigen Briefes vor dem Dezember geschrieben, so gewinnt die Annahme, dass das eigentliche Rundschreiben erst in diesem Monat verfasst ist, einen weit höheren Grad von Wahrscheinlichkeit.

Mit diesem Ergebniss darf ich mich jedoch nicht begnügen, weil die trotz der Dürftigkeit unseres Materials ziemlich komplizirte Streitfrage mir noch eine ganze Reihe von Auseinandersetzungen auferlegt, und zwar zunächst folgende Briefe betreffend:

1. Das Schreiben, welches Nikolaus, Sekretär Sankt Bernhards, in dessen Auftrag an den Grafen und die Barone der Bretagne richtete (ep. Bern. 467), Migne (l. c. p. 671). Dasselbe steht in sieben Achteln seines Inhalts unabhängig neben dem eigentlichen Rundschreiben. Beinahe nur die Anfangsworte (Commota est et contremuit terra etc.) und die Stelle (quia terra vestra fecunda est virorum fortium etc.) zeigen eine nahe Verwandtschaft mit dem Letzteren.

2. Das Fragment, welches Giesebrecht, Geschichte der deutschen Kaiserzeit IV. 472, mittheilt. Dasselbe ist grösstentheils eine wörtliche Abschrift des vorgenannten Briefes, von dem es jedoch den auf französische Verhältnisse bezüglichen Schluss weglässt und dafür eine mit den „Schlussabsätzen" nahe verwandte Abmahnung von den Judenverfolgungen anfügt. Hinsichtlich der „Schlussabsätze" liegt hierin ein weiterer Beweis, dass dieselben in der That ursprünglich ein selbständiges Schreiben gebildet haben.

3. Das Schreiben, welches Sankt Bernhard an die Speirer richtete (ep. Bern. 363, Migne l. c. p. 564). Dasselbe enthält das eigentliche Rundschreiben in der ausführlichsten und abgerundetsten Fassung und fügt überdies die „Schlussabsätze" hinzu.

4. Das Schreiben, welches Sankt Bernhard an die Ostfranken und Baiern richtete (Otto Fris. gest. Frid. I 41). Dasselbe ist von Otto nicht vollständig mitgetheilt. Soweit es vorliegt, unterscheidet es sich von dem Schreiben an die Speirer, abgesehen von den ge-

ringfügigsten Varianten, nur durch einige kleine Kürzungen und Zusätze.

5. Das Schreiben, welches Sankt Bernhard an das Volk von England gerichtet haben soll. Wir kennen von demselben jedoch nur die Adresse und müssen es desshalb im Übrigen aus dem Kreis unserer Betrachtung fortlassen.

6. Das Schreiben Sankt Bernhards an Bischof Mainfred, Ritterschaft und Volk von Brescia (Baronius, annal. ecclesiast. XVIII 663). Dasselbe umfasst nur das eigentliche Rundschreiben, enthält also nicht die „Schlussabsätze". Die stilistische Formulirung erinnert hinsichtlich jener kleinen Kürzungen und Zusätze, in denen die Schreiben an die Speirer und an die Ostfranken und Baiern sich von einander unterscheiden, zum Theil an das Erstere, mehr jedoch an das Letztere und zeigt im Übrigen starke Abweichungen von allen Beiden, da manche Gedanken breiter ausgeführt, andere erheblich verkürzt oder auch gar nicht berührt sind. Der umfangreiche Schlussabschnitt des eigentlichen Rundschreibens, der sich in dem Schreiben an die Speirer von den Worten „Cesset pristina illa non militia" bis zu den „Schlussabsätzen" erstreckt, fehlt in dem Brief an Bischof Mainfred ganz und gar. Nur ein einzelner Gedanke dieses Schlussabschnittes findet sich, jedoch mit etwas anderen Worten, mitten im Brief an Bischof Mainfred. Die Stellen lauten (an die Speirer): Habes nunc, fortis miles, habes vir bellicose, ubi dimices absque periculo; ubi et vincere gloria, et mori lucrum — (an Bischof Mainfred): Secura plane et fructuosa militia, ubi sit et victoria gloriosa et mors ipsa felicior. — Der Schlussabschnitt von „Cesset pristina illa non militia" an steht, woran noch erinnert werden mag, nur in dem Schreiben an die Speirer und nicht

auch, wie Neumann S. 30 andeutet, in dem an die Ostfranken und Baiern. Denn Otto von Freising gibt kein Wort dieses Schlussabschnittes, und wir wissen nicht, ob der Letztere unter den von ihm weggelassenen Stücken des Rundschreibens enthalten war oder nicht. Neumann meint, dass der Brief an Bischof Mainfred dem ursprünglichen Entwurf des Rundschreibens am Nächsten stehe, während ich mich mehr zu der Vermuthung neige, dass den Briefen an die Speirer und an die Ostfranken und Baiern die Priorität gebühre und der Brief an Mainfred nur eine etwas hastig entworfene und stilistisch wenig ausgereifte Nach- und Neubildung des schon vorher vorhandenen Haupttextes sei. Für jede der beiden Ansichten lassen sich aus dem Wortlaut der drei Briefe einige Unterstützungen herbeibringen. Ein überzeugender Beweis dürfte aber hiermit weder nach der einen noch nach der andern Seite zu führen und das Feld daher für Schlussfolgerungen, die von ausserhalb der Texte liegenden Quellen hergeleitet werden, völlig frei sein.

7. Das Schreiben Sankt Bernhards an die Böhmen (Boczek, cod. diplom. et epist. Morav. I 255). Dasselbe steht dem Haupttext des Rundschreibens, welchen wir auch als solchen betrachten mögen, ziemlich fern. Nur reichlich zur Hälfte ist es mit demselben verwandt, im Übrigen hat es fremdartigen Inhalt. Es ist erst nach dem 16. Februar 1147 verfasst. Seine erste, grössere Hälfte, die uns vornehmlich angeht, ist nichts Anderes als eine etwas lockere Nach- und Neubildung des längst vorhandenen Haupttextes und dient somit zu vollgültigem Beweise, dass wir wenigstens an der Postulirung solcher Nach- und Neubildungen, wie von meiner Seite für den Brief an Bischof Mainfred geschehen, keinen Anstoss zu nehmen brauchen.

8. Das Schreiben Sankt Bernhards „an die Wendenfahrer" (Boczek l. c. p. 253). Dasselbe ist erst nach dem 19. März 1147 verfasst und enthält in dem Satze „Verumptamen videt hoc malignus etc." bei sonst fremdem Inhalt den letzten Anklang an den Text des Rundschreibens.

Von diesen Briefen sind also zwei (der siebente und der achte) sehr spät geschrieben, und der Wortlaut des siebenten Briefes legt überdies, wie angedeutet, die Vermuthung nahe, dass ein fester Kanon des bernhardinischen Rundschreibens gar nicht bestand. Suchen wir nun unter den übrigen sechs Briefen den ältesten ausfindig zu machen, so fällt unser Blick allerdings nicht in erster Linie auf das Schreiben Sankt Bernhards an die Speirer, sondern auf das Schreiben seines Sekretärs Nikolaus an die Bretagner. In diesem Brief wird nicht bloss erwähnt, dass der Bischof Gaufried von Chartres in der Bretagne das Kreuz predigen werde (was uns einstweilen keinen chronologischen Anhalt giebt, da ich mich vergebens bemüht habe, über Leben und Thaten Gaufrieds in der kritischen Zeit sichern Aufschluss zu gewinnen), sondern es wird auf den Beginn der französischen Kreuzpredigt (zu Vezelay, Ostern 1146) in einer Weise zurückgegriffen, als ob seit demselben noch nicht lange Zeit verflossen sei. Ich stehe desshalb nicht an, für wahrscheinlich zu erklären, dass dieser Brief schon Sommer oder Herbst 1146 geschrieben ist. In demselben finden sich nun, wie oben hervorgehoben, ein paar Sätze gleichen Klanges mit dem Rundschreiben. Muss aber das Letztere desshalb auch schon so früh verfasst sein? Diese kurzen Sätze können nach der Anweisung, nach dem Diktat Sankt Bernhards geschrieben, oder aus seinen Predigten entnommen sein. Sie klingen fast wie Textesworte, die der

Abt seinen Kreuzzugspredigten oder den einzelnen Abschnitten derselben zu Grunde gelegt haben mag. Sein Sekretär kann sie ihm sehr frühzeitig gleichsam vom Munde genommen haben, ohne dass dies den Abt zu hindern brauchte, eben dieselben Sätze späterhin, nur in neuer und meist reicherer Ausgestaltung in seinen eigenen Kreuzzugsbriefen zu verwerthen. Ein ähnlicher Gleichklang, und es dürfte noch mehr Derartiges zu finden sein, zeigt sich zwischen Bernhards eigentlichen Kreuzzugsbriefen und einem älteren Brief desselben z. B. bei der Behandlung des Themas: Non est abbreviata manus Domini, nec facta impotens ad salvandum (Ep. Bern. 244, Migne l. c. p. 441 und ep. 363, 1. c. p. 565). — Zu beachten ist überdies noch, dass das Schreiben des Sekretärs Nikolaus an Bretagner, d. h. an Franzosen sich richtet und somit die unten zu erwähnenden Bedenken, die dem frühzeitigen Aufruf nichtfranzösischer Volksstämme im Wege stehen, hier nicht in Betracht kommen.

In zweiter Linie ist das Giesebrecht'sche Fragment ins Auge zu fassen. Dasselbe ruht, soweit wir wissen, auf dem eben behandelten Brief des Sekretärs Nikolaus und auf Bernhards „Schlussabsätzen". Die Letzteren geben uns eine, wenn auch nur unsichere Andeutung, wie dieses Schreiben entstanden sein mag. Das wüste Treiben jenes Mönches Radulf veranlasste nämlich, dass man sich vom Rhein aus um Rath und Hülfe an Sankt Bernhard wandte. Dieser schickte darauf nicht blos dem Erzbischof von Mainz ein gegen Radulf gerichtetes Schreiben (ep. Bern. 365, l. c. p. 570), sondern warnte auch in einem zweiten Schreiben, eben den „Schlussabsätzen", sowohl vor den Judenverfolgungen wie vor verkehrtem Beginn des Kreuzzugs (Otto Fris. gest. Frid. I 38: Clarevall. abbas ad Galliae Germaniaeque populos nuncios seu litteras destinavit etc.). Mit seinen Briefen mag nun auch das Schreiben seines Sekretärs nach Deutschland gelangt und mit demselben zusammengeflossen sein. Wie das Letztere aber geschehen ist, ob schon in Frankreich oder erst auf deutschem Boden, wann, von wem und zu welchem allgemeinen oder besonderen Zweck die Ineinanderfügung dieser Briefe veranstaltet ist, dafür fehlt uns Angesichts unseres „Fragments" jede Möglichkeit weiterer Schlussfolgerung, und desshalb können wir dasselbe auch für frühere oder spätere Datirung des Rundschreibens in keiner Weise benutzen.

Hiernach handelt es sich vornehmlich um die drei Schreiben an die Speirer, die Ostfranken und Baiern, und den Bischof von Brescia. Neumann meint nun, dass alle drei Schreiben oder vielmehr alle vorhandenen wie verloren gegangenen Exemplare von der Hauptfassung des Rundschreibens gleichzeitig und sehr früh entstanden seien, weil eben Sankt Bernhard diese an die Deutschen wie an die übrigen Völker der römischen Christenheit sich richtende Fassung etwa im Spätsommer 1146 niedergeschrieben habe. Meine entgegenstehende Ansicht verwirft Neumann mit grosser Siegesgewissheit; es dürfe, so sagt er wohl, von meiner haltlosen Annahme ferner nicht die Sprache sein. Ich wünschte, er hätte weniger jugendlich geschrieben, und empfehle ihm und Jedem, der in diesen Fragen arbeitet, gegnerische Ansichten mit einer wegen des überaus fragmentarischen Charakters unseres Quellenmaterials besonders achtungsvollen Rücksicht zu behandeln.

Der Neumann'schen Annahme — der auch Giesebrecht insofern beipflichtet, als er trotz der von ihm anerkannten Originalität der Speirer Adresse die Abfassung des Rundschreibens in den Sommer

1146 verlegt — stehen, nach meiner Meinung, auch heute noch schwer wiegende Bedenken entgegen.

Erstens fragt es sich, ob wir überhaupt von einem Rundschreiben im strengsten Sinne reden dürfen, d. h. von einer Enzyklika, die der Abt von Clairvaux von vornherein in der Absicht, sie einer ganzen Reihe christlicher Völker zuzusenden, geschrieben und die er, dem entsprechend, auf einmal versendet habe. Denn in diesem Fall müssten die Exemplare des Rundschreibens bis auf die geringen Abweichungen, die Schreiberwillkür herbeiführt, einander gleichen. Wenn wir aber auch von dem ersten, zweiten, siebenten und achten Briefe der obigen Liste absehen, weil diese vier Briefe dem Haupttext sehr fern stehen, so zeigen doch einerseits die beiden deutschen Schreiben, andererseits das Schreiben an Bischof Mainfred stärkere Abweichungen, als durch Schreiberwillkür erklärt werden können, und führen mithin zur Annahme sowohl verschiedener Fassungen wie verschiedener Abfassungszeiten.

Zweitens und noch ernstlicher fragt es sich, ob wir erklären können, wie Sankt Bernhard schon im Sommer oder Herbst 1146 zu einer an die Christenheit überhaupt sich richtenden Kreuzzugspredigt gekommen sei. Neumann hält diese Erklärung freilich für sehr leicht. Denn weil damals jenseit der französischen Gränzen hie und da schon das Kreuz gepredigt und genommen wurde, und weil schon einige nichtfranzösische Herzöge und Grafen de itineris societate an König Ludwig schrieben, so habe Sankt Bernhard „unter dem Zwang der Thatsachen, um die Centralisation des Unternehmens zu sichern" (Neumann S. 29), die Enzyklika verfasst und verfassen müssen. Mir erscheint viel wichtiger, dass Bernhard nur in Frankreich zur Kreuzpredigt autorisirt war und bis zum Herbst 1146 nur dort das Kreuz predigte — sagt doch Neumann selber S. 26: auf Frankreich beschränkten sich ihm Vollmacht und Absicht — und dass er trotz aller geistlichen Leidenschaft, die ihn erfüllte, ein äusserst besonnen rechnender Kopf war, der zu dem gewaltigen Salto mortale, an die Stelle der rein französischen Kreuzpredigt plötzlich eine allgemein christliche zu setzen, gewiss einen unendlich viel stärkeren Zwang der Thatsachen als den oben erwähnten bedurft hätte.

Drittens und mit stärkstem Nachdruck ist darauf hinzuweisen, dass gerade die deutschen Angelegenheiten, die vorzüglich den frühzeitigen Erlass der Enzyklika hervorgerufen haben sollen, dem am Entschiedensten zu widersprechen scheinen. Denn die wilde Gährung, welche die Rheinlande im Spätsommer und Herbst 1146 erfüllte, war für den Abt von Clairvaux höchst widerwärtig. Er verlangte eine wohlbedachte und geordnete Erhebung christlicher Massen zur heiligen Heeresfahrt, und er musste desshalb (gleichgültig wie früh oder spät er selber die Deutschen für den Kreuzzug zu gewinnen beabsichtigt hat) die schlimme Bewegung, von der die Rheinlande ergriffen waren, zunächst mehr zu zügeln und zu dämpfen als anzuspornen suchen. Die flammenden Worte seines Rundschreibens hätten unter diesen Umständen Oel ins Feuer gegossen, und allem Anschein nach durfte er nicht eher wagen, die Deutschen mit der ganzen Gluth seiner Beredtsamkeit zum Kreuzzuge zu erregen, als nach oder, wenn man will, zugleich mit der Beseitigung des Mönches Radulf.

Viertens dienen die Adressen, unter denen das Rundschreiben überliefert ist, meiner Ansicht zu wesentlicher Unterstützung. Dasselbe findet sich in den älteren Ausgaben der Briefe Bernhards, vermuthlich mit den Handschriften völlig übereinstimmend, nur unter der Adresse an die Speirer, und die nächstliegende Annahme ist und bleibt desshalb (so lange nicht, was immerhin noch möglich, eine neue Durchforschung der Handschriften zu anderm Ergebniss führt), dass der Abt von Clairvaux das Schreiben **ursprünglich** an die Speirer und nur an die Speirer gerichtet hat. Hätte er dasselbe sofort an viele deutsche Städte und Stämme oder gar an alle Völker der römischen Christenheit gerichtet, so müssten wir hiervon — dies sind, wir nach meiner Meinung einstweilen anzunehmen so berechtigt wie verpflichtet — irgend eine deutliche Spur, d. h. in Bernhards Briefsammlung irgend eine darauf bezügliche Notiz, eine die Einzeladressen zusammenfassende allgemeine Adresse, oder eine die Stelle dieser Adresse vertretende Bemerkung finden. Es ist aber nichts Derartiges vorhanden, und wir wissen lediglich nur, dass nach der ältesten Überlieferung unser Schreiben im Augenblick seiner Entstehung dem Bischof, Klerus und Volk von Speier und Niemandem sonst zugedacht war.

Neumann meint zwar, es sei sehr erklärlich, dass die Überlieferung auf die speirische Adresse überaus grosses Gewicht gelegt und eben desshalb jede andere Adresse für lange Zeit in den Hintergrund gedrängt habe. Denn nachdem Bernhard gerade in Speier (auf dem Reichstage, Weihnachten 1146) mit der Bekreuzung König Konrads das höchste Ziel seines Strebens erreicht hatte, sei von den schon früher versendeten Exemplaren des Rundschreibens das an die Speirer gerichtete als das vornehmste erschienen, so dass man dieses ganz besonders im Auge behalten habe. Hieran ist soviel richtig, dass das speirische Exemplar des Rundschreibens in Speier selber bis in neuere Zeiten wie ein Kleinod verehrt wurde; ist aber damit bewiesen, dass die speirische Adresse andere Adressen aus den Briefsammlungen Bernhards verdrängt hat? Möglich wäre dies ja, aber mit der blossen Möglichkeit kann man Nichts anfangen, und in einer Beziehung ist es sogar unwahrscheinlich, dass die Speirer Adresse solche Wirkung ausgeübt habe. Denn das Rundschreiben soll — nach Neumann — 3 bis 4 oder 5 Monate vor dem Speirer Reichstage verschickt worden sein. Hiernach wäre dasselbe zur Zeit der Bekreuzung Konrads schon ziemlich veraltet gewesen, und man könnte es einigermassen auffallend finden, dass die Speirer Adresse trotzdem noch zu herrschender Bedeutung gekommen sei. Viel natürlicher erscheint der Hergang, wenn das Rundschreiben — nach meiner Ansicht — erst kurz vor dem Reichstage und nur für die Speirer verfasst worden ist. Bei dem Letzteren schlossen alsdann das Bekanntwerden des Schreibens und die mündliche Kreuzpredigt Bernhards fast unmittelbar an einander an, flossen gleichsam zu einem grossen Akt zusammen, dessen weihevollste Reliquie fortan das Schreiben selber bildete; und in die Briefsammlung des Abtes konnte hiernach nur die speirische Adresse, d. h. die einzige, die es bis dahin gab, aufgenommen werden.

Zu verwundern wäre auch, wenn ausser der speirischen und wie ich gleich hinzusetzen will, der ostfränkisch-bairischen Adresse die andern deutschen Adressen, die Neumann supponirt, bis auf die letzte Spur verloren sein sollten. Mein Gegner findet daran zwar nichts Auffallendes und meint sogar, dass ich bei dem Gewicht, welches ich auf die vorhandenen Adressen lege, den Zufall an Stelle methodischer Kritik setze; doch dürfte es gerathen sein, so grosse Worte zu sparen und jedes Stück wie jede Lücke der Überlieferung sorglichst zu prüfen. Ich wenigstens bleibe dabei, an der Annahme, dass das Rundschreiben schon im Spätsommer 1146 an viele deutsche Städte und Stämme ergangen sei, unter Anderm desshalb Anstoss zu nehmen, weil wir von Adressen z. B. an die Mainzer, die Kölner und die Alemannen Nichts entdecken können, obgleich Bernhard sich gerade mit den Mainzern, Kölnern und Alemannen theils brieflich theils persönlich beschäftigt hat und obgleich bei den Berichten, die wir hierüber besitzen, irgend welche Hinweise auf die betreffenden Exemplare des Rundschreibens, wenn sie vorhanden gewesen wären, nahe genug gelegen hätten. Ja ich wage jetzt sogar die Vermuthung auszusprechen, dass bedeutendere deutsche Adressen ausser den uns bekannten gar nicht verloren gegangen sind, d. h. gar nicht existirt haben. Denn nach dem Inhalt des oben behandelten siebenten, an die Böhmen gerichteten Briefes darf man als fast absolut sichergestellt annehmen, dass Sankt Bernhard Duci Wladislao ceterisque nobilibus et universo populo Boemiae im Jahre 1146 kein Exemplar seines Rundschreibens geschickt hat, und dieselbe Schlussfolgerung wird durch den obigen achten, an die Wendenfahrer, d. h. in erster Linie an die Sachsen gerichteten Brief ebenso nahe gelegt. Hieraus ergiebt sich, dass wir ziemlich genau wissen, wie Sankt Bernhard zu den Ostfranken, Baiern, Sachsen und Böhmen (zu denen nach dem Schluss des siebenten Briefes auch noch die Mährer gerechnet werden können) sich verhielt. Deutsche Adressen von allgemeinerer Bedeutung könnten sich also nur noch an die Alemannen und Lothringer gerichtet haben. Gerade in deren Gebieten war aber Sankt Bernhard persönlich besonders thätig. Und trotzdem sollen diese Adressen, und diese allein, verloren sein?

Meine ursprüngliche Ansicht, die ich im Ganzen festhalte, lässt sich übrigens ein wenig nuanciren und dadurch wohl Etwas überzeugender gestalten. Sankt Bernhard erreichte, als er im Spätherbst 1146 nach Deutschland kam, zunächst zwar eine Reihe grosser Erfolge, indem er den Mönch Radulf beseitigte und die Vorbereitungen zum Kreuzzug in die von ihm gewünschte Bahn lenkte. In Frankfurt am Main, wo er Ende Novembers mit König Konrad zusammentraf, erhob er sich auch zu dem kühnen Versuch, den König selber zur Theilnahme an der Wallfahrt zu bewegen. Er sprach ihn insgeheim darum an, traf aber hier auf einen Widerstand, den er nicht zu besiegen vermochte, und wollte nach diesem Misserfolg, wie es scheint (vergl. Analekt. S. 48 und 50), sogleich nach Clairvaux zurückkehren. Doch gab er diesen Plan, den Bitten des Bischofs von Konstanz folgend, wieder auf, bereiste Alemannien und ging schliesslich nach Speier, wo König Konrad sich seinem erneuten Andrängen fügte. **In die kurze Spanne Zeit, in der er die Absicht gehegt hat, nach Clairvaux zurückzukehren** (d. h. also, genau gesagt, nicht in den Dezember, sondern an das Ende des Novembers), passen Adresse und Inhalt des Rundschreibens in der ungezwungensten Weise. Denn Speier war ja der Sitz der nahe bevorstehenden Reichsversammlung, auf die zu Gunsten des Kreuzzugs wenigstens mittelbar einzuwirken Sankt Bernhard in dem Augenblick, als er Deutschland zu verlassen im Begriffe stand, wahrscheinlich sehnlichst wünschte; und einzelne Wendungen, oder vielmehr ganze Abschnitte des Schreibens zeigen unverkennbare Beziehungen zu der Lage, in der Sankt Bernhard und die Deutschen sich Ende Novembers befanden.

Im Anfang des Briefes schreibt nämlich der Abt: Agerem id libentius viva voce, si, ut voluntas non deest, suppeteret et facultas —

eine Bemerkung, die bisher verschiedenen kritischen Betrachtungen unterzogen worden ist, im Hinblick jedoch auf die Ende Novembers obwaltenden Umstände wohl kaum weiterer Erörterung bedarf. Nur dies mag noch bemerkt werden, dass Neumann (S. 31) diese Bemerkung, die sich „in den beiden deutschen Schreiben" finde, als eine Einschiebung in den Haupttext des Rundschreibens betrachtet, worin man eine Antwort darauf erblicken könne, dass Bernhards persönliches Erscheinen gerade in Deutschland gewünscht worden war. Unsere Bemerkung findet sich aber nicht blos in den beiden deutschen Schreiben (dem speirischen und dem ostfränkisch-bairischen). Sie fehlt zwar in dem Brief an Bischof Mainfred, erscheint jedoch wieder, und in breiterer Ausführung, in dem böhmischen Schreiben, und fehlt abermals in dem Brief an die Wendenfahrer, für den sie, trotz seiner fremdartigen Fassung, ebenfalls nahe genug gelegen hätte. Ich entnehme hieraus weder Einschiebungen in einen Haupttext noch Auslassungen aus einem solchen, sondern nur eine neue Bestätigung dafür, dass ein eigentliches Rundschreiben mit einem feststehenden Texteskanon gar nicht existirt hat.

Im weiteren Verlauf des Speirer Briefes und, wie wir wissen, nur in diesem findet sich der oben (S. 13) schon behandelte Abschnitt „Cesset pristina illa non militia etc." Dieser Abschnitt fliesst über von herbem Tadel der inneren deutschen Fehden und Kriege, die nicht blos vielen Fürsten und Rittern unmöglich machten, das Kreuz zu nehmen, sondern allem Anschein nach auch für König Konrad den Hauptgrund gebildet hatten, in Frankfurt die Theilnahme an der Wallfahrt zu verweigern. Bernhard empfand tief, welche Hindernisse die deutschen Fehden seiner Predigt in den Weg stellten. Schon nach

Frankfurt war er gegangen, ut regi Conrado pro quodam pacis· negotio loqueretur, und wenige Wochen darauf ist er in Speier angelangt, inter principes quosdam pacem cupiens reformare, quorum inimicitiis ab exercitu crucis Christi multi detinebantur (Migne, patrol. curs. CLXXXV 373, 381). Gewinnt hierdurch nicht die Vermuthung hohe Wahrscheinlichkeit, dass der Abt jene herben Tadelsworte in heftiger Erregung über den Frankfurter Misserfolg und daher auch unmittelbar nach demselben geschrieben hat?

Am Ende des Speirer Briefes stehen die bekannten „Schlussabsätze", in denen Sankt Bernhard seine Mahnungen vor den Judenverfolgungen und vor falschen Kreuzpredigern wiederholt. Zu solcher Wiederholung hatte Bernhard Ende Novembers reichlichen Anlass, weil Radulf kaum erst beseitigt, die blutdürstige Wuth der niedern christlichen Volksmassen noch nicht überall gedämpft und desshalb das Wiederaufflammen der Judenverfolgung wie auch das Auftreten eines neuen Volksverführers noch immer ernstlich zu befürchten war. —

Nicht lange nach dem Speirer Tage zeigte sich für Bernhard abermals eine hervorragende Gelegenheit, fördernd auf die deutschen Kreuzzugsrüstungen einzuwirken. Es war ein Regensburger Hoftag auf Februar 1147 angesagt worden. Die Fürsten und Ritter, die dort sich versammeln würden, sollten für die Wallfahrt gewonnen werden. Persönlich in Regensburg aufzutreten lag dem Abt von Clairvaux fern, und so konnte er nichts Besseres thun, als die Herzen der Südostdeutschen durch das glänzendste Produkt seiner Feder, durch den Speirer Brief, zu rühren. Er hätte denselben allenfalls als schlichte Abschrift, also mit der Speirer Adresse, dorthin schicken können. Er hat ihn aber, wie es scheint, von Neuem durchgesehen, vielleicht erheblich verkürzt (möglicherweise namentlich den Abschnitt „Cesset pristina illa non militia etc." weggelassen, vergl. oben S. 13) und ihm die Adresse an die Ostfranken und Baiern gegeben. Diese Adresse ist wohl so entstanden, dass Sankt Bernhard nach dem grossen Erfolg, den er in Speier errungen, noch ausgedehntere Kreise als bisher zum Kreuzzug auffordern zu dürfen glaubte. Er fasste desshalb nicht etwa bloss „Klerus und Volk von Regensburg" ins Auge, sondern alle Baiern und ausser diesen auch die Ostfranken, mit denen er schon kurz zuvor (jedoch weit weniger als mit den Alemannen) in persönliche Berührung gekommen war. Die Ostfranken hierbei den Baiern voranzusetzen, dazu mag ihn der Umstand bewogen haben, dass ihm der Name der Ersteren fast synonym mit dem der Deutschen überhaupt erschien. Nennt doch auch Otto von Freising das mit dieser Adresse mitgetheilte Schreiben (gest. Frid. 1 41): exemplar epistolae abbatis in orientale Francorum regnum destinatae. In der Zusammenstellung der Baiern mit den Ostfranken liegt aber jedenfalls ein Hinweis auf den Tag zu Regensburg, und dort wurde, wie wir nicht zu zweifeln brauchen (cf. Otto Fris. l. c. I 40), unser Schreiben mit eben dieser Adresse von Abt Adam von Ebrach verlesen.

In ähnlicher Weise, „äussern Antrieben folgend", hat sich wahrscheinlich Bernhards ganzes Rundschreibewesen entwickelt. Hinsichtlich des Briefes an die Wendenfahrer liegt dies auf der Hand. Aber auch hinsichtlich der Briefe an die Böhmen, Engländer und an Bischof Mainfred, wie hinsichtlich der etwa verloren gegangenen Briefe möchte ich dies vermuthen. Denn so leidenschaftlich Sankt Bernhard zum Kreuzzuge warb, so sieht ihm doch nicht ähnlich, dass er seine

Briefe auch dorthin gesendet habe, wo er deren Wirkung nicht einigermassen im Voraus berechnen konnte. War die Kreuznahme schon irgendwo im Gange, erhielt er eine Aufforderung, sich zu äussern, fand er eine Anlehnung an eine hervorragende Säule der Kirche wie an Bischof Mainfred, den alten Gegner Arnolds von Brescia, in solchen Fällen mag er geschrieben und vielleicht niemals eigentliche Abschriften vom Haupttext des Rundschreibens, sondern Neubildungen desselben, also nach meiner Ansicht des Speirer Schreibens, geschickt haben.

Wann etwa er an die Engländer und an Bischof Mainfred geschrieben hat, dafür einen bestimmten Anhalt zu finden, habe ich mich vergeblich bemüht. Ich kann nur die Vermuthung aussprechen und befinde mich mit derselben wieder im Einklang mit Giesebrecht (l. c. IV. 254), dass alle nichtdeutschen Briefadressen erst nach Bernhards Hauptthätigkeit in Deutschland, also Anfang 1147, entstanden sind.

Die Geschichte der Erhebung Europas zum zweiten Kreuzzug bleibt uns nach Alledem in vielen Punkten dunkel. Für die von mir vorgetragenen Ansichten kann ich nur den Vorzug geltend machen, dass sie in möglichst engem Anschluss an die wenigen Fingerzeige, welche die Überlieferung heute bietet, gebildet sind. Die Lücken unserer Kenntnisse werden vielleicht noch einmal durch die Ergebnisse künftiger Forschungen, vornehmlich in handschriftlichem Material, ausgefüllt: vielleicht geschieht dies, wenn Graf Riant's treffliches Werk, Inventaire des lettres des croisades, unsere Zeit erreicht. Sollte dann etwa ans Licht treten, dass der Brief an Bischof Mainfred — wider mein Erwarten — schon einer sehr frühen Zeit angehöre, sogar dem speirischen Schreiben vorangehe (vergl. oben S. 14), so würde meine Auffassung von der Entwickelung der bernhardinischen Thätigkeit, zumal auf unserm deutschen Boden, hierdurch wenig berührt, weil die bisher nur supponirte Thatsache eines eigentlichen Rundschreibens im Spätsommer 1146 auch damit noch nicht gegeben wäre. Sollte aber die Enzyklika selber für die eben genannte Zeit sicher nachweisbar werden, so brauchte ich schliesslich meine Grundanschauung vom Wesen und Wirken Sankt Bernhards trotzdem nicht erheblich zu ändern. Denn wenn ich Neumann auch bereitwillig zugebe, dass dem Abt von Clairvaux Zweifel und Bedenken, ob er die Kreuzpredigt von Frankreich nach Deutschland auszudehnen förmlich autorisirt sei, vermuthlich gar nicht gekommen sind, wenn ich es sogar sehr begreiflich finde, dass Bernhard auf der Stätte von Radulfs Wirksamkeit selber das Kreuz predigte, so bleibt doch sonst Alles bestehen, was ich über das Auftreten des Abtes in Deutschland gesagt habe. Seine Vollmacht erstreckte sich, soweit wir irgend wissen, nur auf Frankreich, und, was das Wichtigste ist, es gab für ihn wie für den Papst schwer wiegende und gute Gründe — die Wünsche der römischen Kurie, ihre heimischen Feinde durch ein deutsches, über die Alpen hinabbrückendes Heer bedroht zu sehen —, welche das Hereinziehen grösserer deutscher Massen, zumal der staufischen Ritterschaft und des Königs Konrad in die Kreuzzugsbewegung dringend widerriethen. Indem der heilige Bernhard trotzdem auf deutschem Boden unablässig mit dem Mund und mit der Feder zur Kreuznahme aufforderte, erreichte er zwar sein nächstes Ziel, der Pilgerfahrt fast unzählbare Streitkräfte zu werben, zeigte dabei auch ebenso hinreissenden Schwung der Leidenschaft wie kluge, oder vielmehr schlaue Berechnung, handelte aber in jeder andern Beziehung doch nur als ein kurzsichtiger Eiferer, was sich an ihm und vor Allem an den unglücklichen Kreuzfahrern schwer gerächt hat.

II.
Kinnamos.

In den 1866 erschienenen Studien zur Geschichte des zweiten Kreuzzugs trug ich eine neue Ansicht über den Werth der griechischen Quellenschriftsteller Kinnamos und Niketas vor. Denn während meine Vorgänger vornehmlich Niketas zur Rekonstruktion der Ereignisse benutzt hatten, zeigte ich, dass wir demselben, weil er sehr stark von der Sage beeinflusst ist, höchstens bei einigen Mittheilungen, für die ihm besonders zuverlässige Nachrichten zu Gebote standen, Glauben schenken dürfen. Kinnamos erschien mir dagegen als ein vergleichsweise kenntnissreicher und nüchterner Autor, dem bisher nur wegen des echt byzantinischen Hasses und Hochmuthes, mit dem er über die Kreuzfahrer rede, Unrecht geschehen sei. Seinen Urtheilen über Kreuzzugsangelegenheiten dürften wir freilich nicht trauen, weil sie den Stempel dieser byzantinischen Gesinnung trügen; anders aber stünde es mit seinen thatsächlichen Berichten, aus denen wir bei sorgfältiger Prüfung gute Belehrung zu gewinnen vermöchten.

Im Jahr 1875 veröffentlichte Giesebrecht den vierten Band der Geschichte der deutschen Kaiserzeit und erzählte in demselben die Schicksale der Deutschen auf dem zweiten Kreuzzuge nicht blos nicht nach Kinnamos, sondern verwarf sogar einen Theil der Aussagen des Letzteren mit ungemeiner Entschiedenheit. Die „ungeheuerlichen

Dinge", welche der Grieche vom Aufenthalt König Konrads III. bei Konstantinopel berichte, seien besonders unglaubwürdig; nicht Unannehmlichkeiten habe unser König am goldenen Horn erlebt, sondern „freundliche Beziehungen" zu seinem Schwager Kaiser Manuel (wenn auch ohne ihn persönlich zu begrüssen) gepflegt, und auf „Bitten" desselben sei er zur Fortsetzung des Kreuzzugs über den Bosporus gegangen.

Dieser Darstellung trat ich in den, 1878 erschienenen Analekten zur Geschichte des zweiten Kreuzzugs ebenso entschieden entgegen. In allem Wesentlichen hielt ich an Kinnamos fest, legte aber dabei und lege noch heute den Hauptwerth weniger auf diese quellenkritische Frage als auf die weiter greifende Erörterung, ob die Deutschen im Herbst 1147 bei Konstantinopel Unannehmlichkeiten, die das Wirrsal ihres Heeres steigerten, erlebt oder behagliche Ruhetage genossen haben. Die Erklärung für die furchtbare Katastrophe, in der König Konrads gewaltige Rüstung kurze Zeit nach dem Abmarsch vom Bosporus zusammenbrach, hängt natürlich zu erheblichem Theil vom Ausfall dieser Erörterung ab.

Die griechischen Quellenschriften waren aber bei Alledem von mir — streng genommen — nur im Hinblick auf ihre Mittheilungen zur Geschichte der Kreuzzüge durchforscht und ausgebeutet worden. Auf die Lücke meiner Kenntnisse, die sich hieraus ergab — eine Lücke, welche sämmtliche Fachgenossen bisher in ähnlicher Weise zu beklagen hatten —, machte ich bei einer späteren Gelegenheit aufmerksam, indem ich, anknüpfend an kritische Untersuchungen über Albert von Aachen und Anna Komnena sagte (Historische Zeitschr. XLIV 40): ein sehr verdienstliches Unternehmen wäre eine Historiographie der

Komnenen überhaupt, die vornehmlich die Glaubwürdigkeit der grossen Geschichtschreiber jenes Kaisergeschlechtes Anna Komnena, Kinnamos und Niketas genau festzustellen hätte. Zur Ausfüllung dieser Lücke hat nun endlich der junge Historiker Hans von Kap-Herr durch die Schrift „Die abendländische Politik Kaiser Manuels mit besonderer Rücksicht auf Deutschland, Strassburg 1881" einen ansehnlichen Beitrag geliefert. Mit Freude habe ich es begrüsst, dass die merkwürdigen Versuche des grössten Komnenenfürsten, das byzantinische Reich von Neuem über einige Länder der Westhälfte Europas auszudehnen, eine selbständige Darstellung erhalten haben, wobei sowohl Kinnamos wie Niketas in weiterem Umfange, als mir möglich gewesen, kritisirt worden sind. Erscheint die vorliegende Schrift auch noch lange nicht abschliessend, ist manches Detail nur ungenügend berücksichtigt, so gewinnen wir doch mannigfache dankenswerthe Bereicherung unserer Kenntnisse.

Leider lässt nur der Ton, in welchem der Verfasser seine Ansichten zum Ausdruck bringt, sehr viel zu wünschen übrig. Mit ungezogener Hoffahrt, die eine ernste Rüge verdient und die weit absticht von der zwar jugendlichen, jedoch ritterlichen Haltung Carl Neumanns, redet er über viele ihm verwerflich erscheinende Aeusserungen sowohl der Quellenschriftsteller wie moderner Historiker. Auf mich ist er besonders erbost und stellt mich wegen der Überfülle dessen, was ich übersehen oder verkehrt behandelt haben soll, förmlich an den Pranger — schwerlich zu seinem Heil, da seine Kritik wohl in keinem Theile seiner Schrift auf schwächeren Füssen stehen dürfte als bei den Details seines erhitzten Streites mit mir.

In Betreff jener Schicksale König Konrads im Griechenreiche schliesst er sich natürlich Giesebrechts Meinung an und tadelt mich hart wegen des Glaubens, den ich Kinnamos geschenkt habe. Besteht aber zwischen Kap-Herr und mir hinsichtlich unserer Urtheile über Kinnamos wirklich eine so grundtiefe Differenz? Lassen wir zunächst einmal die Nutzanwendung auf die Ereignisse vom Herbst 1147 aus dem Spiel, so finden wir, dass Kap-Herr den Historiker Kinnamos wohl eingehender, sonst aber der Hauptsache nach genau so schildert und verwerthet, wie ich es gethan habe. Er nennt ihn einen feinen Beobachter, der über treffliches, gut geordnetes Material verfüge, eine eigenthümliche objektive Färbung zeige, sogar „phantasielos" sei und der somit, wie ich hinzufüge, wohl im Ganzen sachlich nüchtern berichtet hat. Daneben hebt er gleich mir die schlimmen Vorurtheile und Anmassungen hervor, mit denen dieser Grieche den Franken stets entgegen getreten ist und die ihn zur schiefsten Beurtheilung der internationalen Beziehungen verführt haben. Treffend sagt Kap-Herr (S. 55): Nach der Auffassung des Byzantiners hat nur sein Kaiser das Recht, Ansprüche zu erheben, und diejenigen, welche er erhebt, müssen begründet sein.

Soweit sind wir also völlig mit einander einverstanden. Kap-Herr geht nun aber einen Schritt weiter, indem er mehrmals erklärt, Kinnamos **erfinde, komponire nach seinem Gutdünken, fälsche, lüge.** Rechnet man die Stellen zusammen, die Kap-Herr so bitter inkriminirt, so findet man eine im Verhältniss zum grossen Umfang und reichen Inhalt des kinnamischen Werkes mässige Zahl; prüft man die Qualität der getadelten Mittheilungen, so erhebt sich wohl manches Bedenken gegen dieselben, namentlich wenn sie fern von Konstantinopel vorgekommene Ereignisse berühren; aber ihren Autor einen **Lügner** und **Fälscher** zu nennen, sind wir desshalb noch nicht berechtigt. Oder sollen wir jeden Byzantiner, der hoffährtig über die Franken abspricht, griechische Misserfolge beschönigt, griechische Erfolge in den Himmel erhebt, oder der auch nur aus irrig an einander gereihten Thatsachen einen unrichtigen Kausalnexus abstrahirt, einen Fälscher und Lügner schelten? Anna Komnena preist höchst zweifelhafte Waffenthaten ihres Vaters wie glänzende Siege, Niketas konstruirt sich manche Mittelglieder, die ihm zur Herstellung des Kausalnexus nothwendig scheinen, Kaiser Manuel selber erzählt, gerade nachdem ihm die Seldjuken von Ikonium eine schwere Niederlage beigebracht haben, von einer demüthigen Gesandtschaft Kilidj Arslans von Ikonium, der sich seiner Herrschaft unterworfen habe. Dergleichen braucht bei diesen Byzantinern kaum besonders hervorgehoben zu werden. Wir kennen sie als anmassend und ruhmredig, berechnend und listig; und von Kinnamos wissen wir überdies, dass er in, so zu sagen, officiöser Haltung (hierin stimme ich mit Kap-Herr wieder vollständig überein) stets für seinen Kaiser Manuel und gegen dessen Feinde, zumal gegen die Deutschen, Partei nahm und seiner Darstellung daher das schroffste byzantinische Gepräge verlieh. Hiermit ist er scharf genug gekennzeichnet, und um ihn noch schwerer zu belasten, müssten wir ein Beweisverfahren beginnen, zu dessen Durchführung uns die Mittel beinahe gänzlich fehlen. Denn wir können nicht erhärten, dass hinsichtlich des Sachgehalts der inkriminirten Stellen Kinnamos selber tendentiös erfunden, gelogen und gefälscht habe: es ist ebenso gut möglich, dass er Richtiges und Unrichtiges, wie es sich ihm aus der schriftlichen oder mündlichen Überlieferung des byzantinischen Hofes ergab, im Wesentlichen getreu in sein Werk aufnahm und nur die Form der Mittheilung zu Ungunsten der Gegner Griechenlands steigerte. Er bleibt uns desshalb ein sachlich werthvoller Autor, bei dem wohl der Byzantinismus sorgfältig im Auge zu behalten, nicht aber in jedem Fall sogleich Lüge und Fälschung vorauszusetzen ist. Die Differenz, die hinsichtlich des allgemeinen Urtheils über Kinnamos zwischen Kap-Herr und mir vorhanden ist, beschränkt sich also darauf, dass mein Gegner auf derselben Bahn des Misstrauens gegen den Byzantiner einen Schritt weiter geht als ich. Hieraus darf man ja nicht schliessen, dass Kap-Herr der schneidigere Forscher sei, der die Prinzipien der historischen Kritik mit voller Energie anwende, während mein Verfahren, ängstlich vor entschlossener Verwerfung verdächtiger Mittheilungen zurückscheuend, den Charakter kläglicher Halbheit zeige. Denn ich nehme dieselbe prinzipielle Folgerichtigkeit wie Kap-Herr für mich in Anspruch, und ich suche nur an die Stelle der imponirenden Schneidigkeit, die Angesichts unserer fragmentarischen Überlieferung übel angebracht ist, schonendere Prüfung der Quellenaussagen zu setzen, d. h. unser dürftiges Material nicht ohne Noth zu decimiren, nicht das Kind mit dem Bade auszuschütten.

Kap-Herr kommt z. B. bei der Behandlung des sogenannten Vertrags von Thessalonich (Winter 1148—1149) zu dem Ergebniss, dass das Versprechen König Konrads und Herzog Friedrichs, den Griechen Italien zu überlassen, allem Anschein nach von Kinnamos erfunden sei und somit unbedingt verworfen werden müsse (S. 35). Die „verdächtige Umgebung", in der dieses Versprechen sich findet, ist schon von Giesebrecht gerade so beurtheilt worden wie von Kap-Herr. Trotzdem hat Giesebrecht daran festgehalten, dass „unbestimmte Abmachungen über eine Theilung des Königreichs Sicilien" im Winter 1148—1149 zwischen Manuel und den Staufern vereinbart sein können. Ich bleibe ebenso dabei, solche unbestimmten, vielleicht nicht fest verbindlichen, vielleicht dilatorisch gestalteten Abmachungen für jene Zeit nicht unglaublich zu halten. In den späteren griechisch-deutschen und griechisch-italienischen Beziehungen findet sich Manches, was dafür spricht, worüber man bei Giesebrecht, Kap-Herr und mir genug nachlesen kann. Die Einzelnheiten der „verdächtigen Umgebung" lassen sich grossentheils auf die Anmassung, mit der die Byzantiner überhaupt von ihren Rechtsansprüchen und Erfolgen zu reden pflegten, zurückführen; und dass Kinnamos sich hier schlechtweg einer Erfindung schuldig gemacht habe, widerspricht ebenso sehr seiner „Phantasielosigkeit" wie dem nüchternen Tenor der betreffenden Erzählung, in dem von tendentiöser Erdichtung Nichts zu bemerken ist.

Ein anderes Beispiel bietet der griechisch-sicilische Friedensschluss vom Jahre 1158. Kinnamos giebt eine detailreiche Erzählung, wie derselbe zu Stande gekommen ist. Er bringt dabei mehrere Briefe, die Kaiser Manuel und König Wilhelm von Sicilien geschrieben haben sollen und von denen Kap-Herr (S. 18) sagt, sie seien von einer Kürze, von einem so deklamatorischen Tone, widersprächen vor Allem so sehr den wirklichen Verhältnissen, dass man über ihren Werth und Charakter keinen Augenblick im Zweifel sein könne und auch ich sie bestimmt für eine tendentiöse Erfindung halten müsse. Ich gebe die Formulirung der Briefe, die ruhmredigen Phrasen, die der besiegte Kaiser Manuel gebraucht haben soll, meinetwegen die Briefe ganz und gar auf. Wir wissen ja, was es mit vielen Briefen und Reden sowohl mittelalterlicher wie antiker Historiker für eine Bewandtniss hat (vergl. z. B. Prutz, Studien über Wilhelm von Tyrus, Neues Archiv VIII 93 ff.). Eben desshalb wird aber Kinnamos wegen der Komposition dieser Briefe noch nicht zum Fälscher oder Lügner, und Kap-Herr hätte besser gethan, die ganze Erzählung des Kinnamos eingehend zu prüfen, anstatt sie kurzweg zu verwerfen. Kaiser Manuel ist nämlich, soviel wir aus andern Quellen wissen, vor Allem durch eine Niederlage, die seine Flotte soeben in den griechischen Gewässern erlitten hatte, zum Frieden genöthigt worden. Kinnamos macht hingegen griechische Feldherrn, die sich schon seit längerer Zeit in sicilischer Gefangenschaft befanden, dafür verantwortlich. Ob das gerecht ist, oder auf unbilligem byzantinischen Hofklatsch ruht, ist eine Frage für sich. Jedenfalls haben wir hier ein thatsächliches Moment, welches kritische Beachtung verdient. Kap-Herr hat ihm dieselbe nicht geschenkt, während er bei seinem schroffen Urtheil über Kinnamos doppelt verpflichtet gewesen wäre, genau zu bestimmen, in welche Gränzen er hier den Vorwurf tendentiöser Erfindung einschliessen will.

Ähnlich steht es mit den übrigen Stellen, nach denen Kinnamos sich der Erdichtung und Fälschung schuldig gemacht haben soll. Denn in ihnen kommt zwar byzantinische Anmassung zu reichlichem Ausdruck, dazwischen laufen aber auch einfache Irrthümer, die bei diesem Griechen so wenig wie bei jedem andern Historiker fehlen, und es werden ausserdem einzelne, sonst unbekannte Ereignisse erwähnt, die nicht ohne Weiteres als erfunden bei Seite geworfen werden dürfen. Anstatt über Kinnamos wie über einen konsequenten Tendenzlügner zur Tagesordnung überzugehen, empfiehlt sich vielmehr, in zweifelhaften Fällen ein non liquet auszusprechen und stets des Satzes eingedenk zu bleiben, den Kap-Herr wenigstens einmal im

Auge behalten hat (S. 77): „Schade, dass diese Dinge alle in ein gar so tiefes Dunkel gehüllt sind!"

Doch es ist Zeit, endlich dem Hauptgegenstand unseres Streites, d. h. dem Bericht des Kinnamos über den zweiten Kreuzzug näher zu treten. Zerlegen wir denselben in drei Abschnitte, die den Zug der Deutschen bis Konstantinopel, den Aufenthalt eben derselben bei Konstantinopel und den Rest des Kreuzzugs umfassen, und richten wir unsere Aufmerksamkeit zunächst nur auf den ersten und den dritten Abschnitt, so finden wir hier unsern Autor wieder, wie wir ihn kennen, mit allen seinen Vorzügen und Mängeln. Er ist ruhmredig und den Kreuzfahrern feindlich, schwerlich frei von Übertreibungen zu Gunsten der Griechen und zu Ungunsten der Franken, auch nicht ganz frei von einzelnen, sicher nachweisbaren Irrthümern. Daneben aber ist er reich an brauchbaren thatsächlichen Mittheilungen, an glaubhaftem Detail, wie Kap-Herr zugiebt, und er bildet desshalb die ausführlichste und beste Quelle für ansehnliche Theile der Geschichte des zweiten Kreuzzugs. Über das Einzelne mich nochmals zu verbreiten, scheint mir völlig überflüssig. Es ist nachgerade über diese Dinge von Kap-Herr, Giesebrecht und mir so viel geschrieben worden, dass jeder Fachgenosse sich leicht ein eigenes Urtheil bilden kann, innerhalb welcher Gränzen er die thatsächliche Überlieferung des Kinnamos für die Geschichte des Kreuzzugs benutzen zu dürfen glaubt. Nur darauf möchte ich aufmerksam machen, dass Kap-Herr auch hier wieder überaus schroff gegen Kinnamos auftritt und sein excentrisches Verfahren eigenthümlich illustrirt durch seine Beurtheilung unserer anderen griechischen Quelle, des Niketas. Dieser Historiker ist, wie wir wissen, ein sehr trübes Medium zur Erkenntniss des wahren Herganges. Nur hinsichtlich des Zuges der Kreuzfahrer durch Thracien scheint er, worauf ich von jeher aufmerksam gemacht habe, ein wenig brauchbarer zu sein. Kap-Herr steigert meine Ausdrücke, ohne neue Gründe dafür beizubringen. Ihm ist Niketas in dem betreffenden Abschnitt durchweg glaubhaft (S. 21), und dem entsprechend folgt er ihm, sobald er sich zwischen ihm und Kinnamos entscheiden muss, allein und unbedingt (S. 28—30). Das ist nach meiner Meinung nicht das Ergebniss einer imponirend schneidigen, sondern einer gewaltthätigen Kritik. In Summa handelt es sich hierbei nur darum, ob die auf dem Zuge durch Griechenland sehr zuchtlos sich gebärdenden Deutschen etwas geringere oder grössere Übelthaten gethan haben und desshalb von den Griechen etwas mehr oder minder hart angefasst worden sind.

Im zweiten Abschnitt des Berichts vom zweiten Kreuzzuge, d. h. also in der Erzählung vom Aufenthalt der Deutschen bei Konstantinopel finden sich sodann die „ungeheuerlichen Dinge", von denen schon Giesebrecht Nichts wissen wollte und die Kap-Herr mit höchstem Nachdruck bekämpft. Diese Dinge sind aber nicht bloss nach meiner subjektiven Ansicht überhaupt nicht ungeheuerlich, sondern auch für jeden Unbefangenen wenigstens in der Beziehung nicht ungeheuerlich, als sie nicht nothwendiger Weise bedeutenderes Aufsehen erregen mussten. Wir hören bei ihnen theils von einem Austausch von Briefen oder gesandtschaftlichen Meldungen, der sehr leicht fast aller Welt verborgen bleiben konnte, theils von einer „Schlacht", auf die meine Gegner ein ganz übertriebenes Gewicht zu legen scheinen. Denn diese Kampfesscene braucht, wie ich schon in den Analekten S. 65 bemerkte, nicht gerade bedeutend gewesen zu sein, und sie ist, wie ich jetzt hinzufüge, sogar nach der Darstellung des Kinnamos kein hervorragendes Ereigniss gewesen. Der Byzantiner schildert sie freilich mit der üblichen Prätension, aber er setzt uns zugleich in Kenntniss, dass König Konrad nicht nur nicht an der Spitze seiner fechtenden Truppen gestanden, sondern von dem ganzen Kampf erst einige Zeit nach demselben Kunde erhalten hat. Manuel, Konrad und ihre Heere befanden sich aber auf engem Raum bei einander. Ein Kampf, dem der König in dieser Weise fern blieb, kann keine grosse Schlacht gewesen sein. Ein kleineres Treffen hat gar nichts Ungeheuerliches, oder richtiger Unwahrscheinliches an sich. Selbst nach Kap-Herr's Erzählung, der gedämpftesten Schilderung der deutsch-griechischen Reibungen, ist es schon bei Philippopel zu Thätlichkeiten, bei Adrianopel zu einem Handgemenge gekommen: sollen wir nun an der Meldung von einem Handgemenge bei Konstantinopel grossen Anstoss nehmen? Beinahe mit demselben Rechte könnten wir ja auch das sicher beglaubigte wiederholte Handgemenge verwerfen, welches gleich nach dem Abmarsch der Deutschen eine französische Schaar vor den Thoren Konstantinopels zu bestehen hatte (vergl. meine „Studien" S. 139 f.).

Mein Verhältniss zu dem ganzen, in Rede stehenden Bericht des Kinnamos ist, um dies gleich von vornherein abzumachen, das folgende. Das Gefecht der Deutschen vor den Thoren von Konstantinopel betrachte ich nicht als unbedingt erwiesen, weil uns nur Kinnamos, dessen Glaubwürdigkeit nicht über jeden Zweifel erhaben ist, davon erzählt. Aber ich wage es noch weniger ganz zu verwerfen, da Kinnamos im Thatsächlichen zumeist doch Vertrauen verdient und das Ereigniss an sich gar nichts Verdacht Erregendes hat. Hinsichtlich der Briefe oder Gesandtschaftsreden habe ich oben schon angedeutet, wie gleichmüthig ich solche Stücke vom Werke des Kinnamos preiszugeben bereit bin. Trotzdem möchte ich diese Briefe oder Reden nicht ohne Weiteres, nicht ganz und gar fallen lassen, weil in ihnen (was auch wohl für noch andere Briefe oder Reden zu beachten sein dürfte) ein das Element der Thatsächlichkeit streifender Zug zum Ausdruck gelangt. Der diplomatische Verkehr zwischen Manuel und Konrad bezieht sich nämlich bei Kinnamos der Hauptsache nach darauf, dass der Kaiser den König an der Fortsetzung der Wallfahrt habe verhindern, ihn zum Rückzug von Konstantinopel habe nöthigen wollen. Sollte dies von Kinnamos erfunden sein, so müssten wir uns verwundern, wie der „phantasielose Byzantiner" dazu gekommen sei, seiner Dichtung eine so gesuchte, fernab liegende Wendung zu geben. Denn viel näher oder nach Allem, was wir wissen, einzig und allein nahe hätte ihm gelegen, in der farbigsten Weise auszumalen, wie Konrad zu schneller Überschreitung des Bosporus gedrängt, mit List, Hohn oder Gewalt zur schleunigsten Fortsetzung des Kreuzzugs gezwungen worden sei. Jene höchst auffallende Wendung ruft mithin die Vermuthung hervor, dass Kinnamos dieselbe in irgend einer Form in seinem Quellenmaterial gefunden und dass Manuel in der That den entsprechenden Druck auf Konrad ausgeübt habe, natürlich nicht, wie ich das ja früher auseinander gesetzt habe, um den König wirklich zum Rückzug von Konstantinopel zu bewegen, sondern um ihn gründlich zu erschrecken und somit zu beschleunigter Fortsetzung des Kreuzzugs anzuspornen.

Das ist nur eine Vermuthung, eine Konjektur. Sie hat aber den Vorzug, dass sie die Entstehung der auffallenden und desshalb nicht leichthin zu verwerfenden Erzählung des Kinnamos begreiflich macht, und dass ihr in den Thatsachen und in den sonstigen Quellenmittheilungen Nichts widerspricht. In der That Nichts, soviel auch Kap-Herr dagegen einzuwenden hat.

Denn zunächst ist dem Schweigen der übrigen Tradition über die „ungeheuerlichen Dinge" nicht, wie mein Gegner meint, Bedeutung beizumessen. In Wahrheit habe ich alles Nöthige hierüber (Analekten S. 65) längst gesagt. Trotzdem bringt Kap-Herr nun eine sehr umständliche Erörterung (S. 19—22), dass das Schweigen des Niketas und des französischen Chronisten Odo von Deuil schwer ins Gewicht falle. Ich kann dem gegenüber nur wiederholt darauf hinweisen, dass unsere lückenhaften Berichte vom zweiten Kreuzzuge am lückenhaftesten sind in Betreff der Geschichte des deutschen Zuges im Herbst 1147, und dass es desshalb ganz und gar nicht Wunder nehmen kann, dass Niketas und Odo wie von vielem Andern, so auch von jenem diplomatischen Verkehr Konrads mit Manuel und von dem Gefecht oder Handgemenge vor den Thoren Konstantinopels Nichts melden. Irgend welche Folgerungen lassen sich an dieses Schweigen nicht knüpfen, und ich kann nur den dringenden Wunsch aussprechen, in Zukunft mit solchen leeren Einwänden verschont zu bleiben.

In der eben erwähnten Stelle der Analekten habe ich sodann darauf aufmerksam gemacht, dass Niketas nicht einmal ganz schweige, sondern eine kurze Mittheilung bringe, die sich an den Bericht des Kinnamos gut anschliesse. Dieser Äusserung wegen glaubt Kap-Herr mich verhöhnen zu dürfen. Es werde schwer sein, so meint er S. 24, ein anschaulicheres Beispiel zu finden für die Mittel, die passender Weise verwendet werden können, wenn es gilt, zwei widersprechende Zeugnisse zu vereinigen. Mein grimmer Gegner möge sich beruhigen! Ich halte nicht bloss meine Äusserung buchstäblich aufrecht, sondern getraue mich, diesem ungeziemenden Angriff gegenüber sie noch zu schärfen, dahin gehend, dass Kinnamos und Niketas im letzten Grunde ein und dasselbe sagen. Niketas berichtet nämlich, dass Konrad gleich nach seiner Ankunft vor Konstantinopel gezwungen wurde, über den Bosporus zu gehen, obwohl er sich anfangs dagegen sträubte und prahlte, es stehe bei ihm zu gehen oder zu bleiben. Was ist das Anderes als der Hauptinhalt der ganzen kinnamischen Erzählung vom Aufenthalt Konrads bei Konstantinopel, freilich unter Zuhülfenahme der Interpretation derselben, die ich von jeher gegeben und als die einzig mögliche bezeichnet habe, dass die Schritte Manuels gegen Konrad nur die Bedeutung von Schreckmassregeln hatten, um den König nicht etwa von Konstantinopel zurückzutreiben — denn das hätte zu einer tödtlichen Bedrohung Griechenlands geführt —, sondern um ihn zu beschleunigter Fortsetzung des Kreuzzugs, wenigstens zu sofortigem Verlassen Europas anzuregen. Ich denke, das ist deutlich und folgerichtig genug und bedarf keiner weiteren Vertheidigung.

Aber nicht bloss mit dem Schweigen der übrigen Tradition bekämpft mich Kap-Herr. Er führt vielmehr S. 22 f. noch eine Anzahl von Quellenaussagen ins Gefecht, die der Auffassung des Kinnamos direkt widersprechen sollen. Es sind ihrer nicht weniger als neun und somit dem ersten Anschein nach mehr als genug, um mir jede Gegenwehr unmöglich zu machen. Indessen es hat mit diesen Aussagen eine eigenthümliche Bewandtniss, zu deren Verständniss vor Allem die Ereignisse, auf die sie sich beziehen, ins Auge zu fassen sind.

König Konrad war im Verlauf des zweiten Kreuzzuges nicht weniger als drei Male bei und in Konstantinopel, im Herbst 1147, im Winter 1147—1148 und im Winter 1148—1149. Während der beiden letzteren Aufenthalte stand er in allerbestem Einvernehmen mit Kaiser Manuel, und auch im Herbst 1147, d. h. beim Zug durch Thracien und bei der Ankunft vor Konstantinopel fanden freundliche Beziehungen zwischen ihm und dem Kaiser insofern statt, als er von griechischen Gesandten und Provinzbeamten feierlich bewillkommnet und von Manuel mit Gastgeschenken überhäuft wurde. Das Letztere wird uns von allen Seiten bestätigt, auch von Kinnamos, der sogar gewisse Geschenke, edle Rosse, namentlich anführt, worüber Kap-Herr freilich Nichts zu finden vermocht hat, was ihm aber bei **aufmerksamerer Lektüre des Byzantiners** hoffentlich noch gelingen wird.

Aus dieser Geschichte der Aufenthalte König Konrads im griechischen Reiche ergiebt sich nun aber, dass denjenigen Chronisten, die hiervon nur wenig in Erfahrung brachten, überhaupt kaum etwas Anderes kund werden konnte als freundschaftlicher Verkehr zwischen den gekrönten Häuptern. Die Unannehmlichkeiten, die Konrad in den kurzen Tagen der „ungeheuerlichen Dinge" zu erleben hatte, verschwanden neben dem Glanz der feierlichen Empfänge und der beneidenswerthen Fülle der kaiserlichen Geschenke; und wenn etwa ein Chronist nichts weiter meldet als „Conradus ab imperatore honorifice est receptus" und „imperator regi multa munera contulit", so erfahren wir nichts Anderes, als was wir längst wissen, d. h. wir hören nicht das Geringste, was die Glaubwürdigkeit des Kinnamos verstärken oder abschwächen könnte. Für diese und für die Kritik der ungeheuerlichen Dinge sind vielmehr so kurze und inhaltsarme Mittheilungen absolut gleichgültig.

Von der Art sind nicht weniger als fünf von den oben erwähnten neun Stellen, darunter freilich, wie Kap-Herr meint, „sehr beachtenswerthe", die nicht benutzt zu haben er mir zum Vorwurf macht. Es sind die Stellen in den Notae Pisanae, Annales Casinenses, Romuald von Salerno, Chronik von Petershausen und Helmold (Mon. Germ. S. XIX 266, 310, 424, XX 674, XXI 57). Ich kann aber nur wiederholt versichern, dass in allen diesen überaus armseligen Mittheilungen auch nicht eine Silbe enthalten ist, die zur Entscheidung unserer Streitfrage Etwas beizutragen, d. h. eine Schlussfolgerung zu unterstützen vermöchte, ob gerade während des Aufenthalts der Deutschen vor den Thoren Konstantinopels im Herbst 1147 Reibungen zwischen ihnen und den Griechen vorgekommen sind oder nicht.

Anders steht es mit dreien der hervorgehobenen neun Stellen. Diese reden bestimmter, berichten aber sämmtlich nachweisbar Falsches.

Die Würzburger Annalen (Mon. Germ. S. XVI 4 f.) erzählen eine erdichtete freundschaftliche Unterredung zwischen Konrad und Manuel. Sie sind aber überhaupt keine Quelle für die Erkenntniss des wahren Hergangs sondern für die Geschichte der üppigsten und eigenthümlichsten Sagenbildung. Wollte ich ihre Benutzung gestatten, so könnte ich sie auch für meine Ansicht anführen, denn nach ihrer Aussage wagte im Herbst 1147 kein deutscher Pilger Konstantinopel zu betreten (nullus tamen peregrinorum eandem civitatem presumebat ingredi). Ich beschränke mich jedoch auf die Forderung, dass Kap-Herr diese Quelle aus seiner Liste streiche.

Dieselbe Forderung erhebe ich hinsichtlich des „sehr interessanten

Berichtes" Arnolds von Lübeck (Mon. Germ. S. XXI 122). Die „sagenhafte Ausschmückung des wahren Hergangs" (welches wahren Hergangs?) giebt uns nicht die mindeste Gewähr, dass während des Aufenthaltes der Deutschen vor den Thoren Konstantinopels „freundschaftliche Beziehungen zwischen Konrad und Manuel" statt hatten. Im Ganzen ebenso steht es mit Wilhelm von Tyrus (XVI 19), der zum Herbst 1147 von einer freundschaftlichen Unterredung beider Könige, Konrads und Ludwigs von Frankreich, mit Manuel berichtet. Dass dieser Bericht, soweit er Konrad betrifft, falsch ist, hätte Kap-Herr in seiner Liste S. 22 erwähnen sollen. Statt dessen nörgelt er S. 24 f. an der kritischen Erörterung, der ich diesen Bericht früher (Analekten S. 12, 66) unterzogen habe, herum. Ich fühle aber wirklich kein Bedürfniss, mich gegen diese wie noch einige ähnliche Kritteleien Kap-Herr's umständlich zu vertheidigen. Ich glaube mich für jeden Unbefangenen klar und eingehend genug ausgesprochen zu haben.

So bleibt von allen neun Stellen nur eine einzige, die Hauptstelle in den Pöhlder Annalen (Mon. Germ. S. XVI 82) übrig, die ich in den Analekten S. 67 sorgfältig gewürdigt habe, indessen wegen der überraschenden Schlussfolgerungen, die Kap-Herr an sie knüpft, doch noch einmal ins Auge fassen muss. Die Stelle lautet: (Conradus) prope menia Constantinopolis urbis cum suis castra metatus est, ubi magnifice cum omni exercitu a Grecis et a rege Grecorum excipitur, multis insuper ab eodem muneribus ampliatur, non absque suorum invidia. Kap-Herr sagt über diese Stelle erstens (S. 22): Nach den Annales Palidenses, einer für den zweiten Kreuzzug durchaus zuverlässigen Quelle wird König Konrad von Manuel in Konstantinopel mit reichen Geschenken empfangen, die den Neid der Truppen erregen — — zweitens (S. 25): Die Pöhlder Annalen berichten, Konrad habe in der Nähe von Konstantinopel mit den Seinigen ein Lager aufgeschlagen und sei hier — doch wohl in Konstantinopel, nicht, wie Kugler meint, im Lager vor der Stadt — mit dem gesammten Heere von den Griechen und ihrem König glänzend empfangen und ausserdem von letzterem reichlich beschenkt worden — — drittens (S. 29 f.) Einstimmig rühmen die deutschen Quellen die gute Aufnahme in Konstantinopel; der Griechenkaiser mag mit seinen Schätzen nicht gespart haben; der König besichtigte die Schenswürdigkeiten der volkreichen Stadt und begab sich dann nach Pera, wo dem Heere Quartiere angewiesen waren. — — Die durch den Druck hervorgehobenen Worte sind natürlich nicht schon von Kap-Herr sondern von mir in dieser Weise hervorgehoben worden.

Ich wollte meinen Augen nicht trauen, als ich diese gehäuften Bemerkungen las, und ich wäre fast jetzt noch geneigt, eher an irgend ein Übersehen meinerseits zu glauben, als daran, dass ein so kampflustiger Kritiker sich solche Blösse geben könne. Es steht aber wirklich so: Kap-Herr hat hier das Bischen, was wir für jene Tage ganz zweifellos sicher wissen, völlig ausser Acht gelassen.

Odo von Deuil berichtet nämlich ausser der allgemein bekannten Thatsache, dass Konrad und Manuel im Herbst 1147 einander nicht „gesehen" haben (Odo de Diog. Migne l. c. CLXXXV 1234: Alemannus poenitens quod Constantinopolitanum imperatorem non viderat etc.), über den Aufenthalt des Königs bei Konstantinopel von dem Augenblick an, wo das deutsche Heer die schöne Park- und Palastanlage Philopation dicht vor der grossen Stadt erreichte, Folgendes (Migne l. c. 1213): In hunc, ut verum fatear, deliciarum locum Alemannus imperator irrupit, et undique pene omnia destruens, Graecorum delicias ipsis intuentibus suis usibus rapuit. Imperiale namque palatium et singulare quod muris supereminet urbis, istum sub se habet locum, et inhabitantium in eo fovet aspectum. Tamen si tale spectaculum Graeco imperatori stuporem attulit, vel dolorem repressit, et per suos Alemanni colloquium postulavit. Sed alius eorum ingredi civitatem, alius egredi timuit aut noluit, et neuter pro altero mores suos aut fastus consuetudinum temperavit. Rex interim Francorum .... imperatori Alemannorum .... mandavit, ut cum citra Brachium exspectaret .... Ipse fero fervore quo coepit accelerat, et accepto a Graeco imperatore duce itineris, imo potius erroris et mortis, transmeat.

Hiernach hat also damals weder König Konrad noch, wie wir hinzusetzen dürfen, irgend ein Theil seines Heeres die eigentliche Stadt Konstantinopel betreten. Von einem Empfang der Deutschen in Konstantinopel (mit Ausschluss natürlich der hin- und hergehenden Gesandten) durch die Griechen oder gar durch Kaiser Manuel in eigener Person, was man aus den Pöhlder Annalen herauslesen möchte, kann nicht die Rede sein, ebenso wenig wie von einer „Besichtigung der Sehenswürdigkeiten der volkreichen Stadt" durch König Konrad. Es scheint fast, als ob hier der vielgeschmähte Kinnamos meinem Gegner einen tragikomischen Streich gespielt habe. Denn der Byzantiner erzählt, dass Konrad nach seiner Ankunft im Philopation gewisse Sehenswürdigkeiten besichtigt habe, nämlich die mächtigen Festungswerke der grossen Stadt, aber nicht von innen sondern von aussen, und dass er alsdann, natürlich um die eigentliche Stadt herum, nach Pera abgezogen sei.

Die Mittheilung der Pöhlder Annalen sagt uns also eben das, nur in etwas ausdrücklicherer Weise, was uns von vielen Seiten versichert wird: Conradus a rege Grecorum honorifice excipitur et multis muneribus ampliatur. Die Kritik der ungeheuerlichen Dinge wird davon ebenso wenig berührt wie von allen andern oben behandelten Quellenstellen.

Hiermit könnte ich schliessen, wenn nicht noch eine Bemerkung, um einem neuen Missverständniss vorzubeugen, nothwendig erschiene. Falls nämlich Kap-Herr, was ich hoffen möchte, sein Unrecht erkennen sollte, d. h. die Überreiztheit seiner Kritik wie seiner Redeweise, so könnte er sich etwa damit zu decken suchen, dass doch auch ich sehr viel nachgegeben, vornehmlich die Briefe oder Reden, auf die ich früher so grossen Werth gelegt, fast ganz aufgegeben habe. Ich würde ihm diese Genugthuung herzlich gern gönnen, wenn nicht dabei der wesentlichste Thatbestand, auf den es mir in der ganzen Erörterung vornehmlich ankommt, im Auge des Lesers tief verdunkelt werden könnte, und ich muss desshalb noch auf Folgendes aufmerksam machen.

In den „Studien zur Geschichte des zweiten Kreuzzugs" versuchte ich dem Historiker Kinnamos diejenige Anerkennung zu verschaffen, die ihm Jahrhunderte lang vorenthalten ist und die ihm dennoch gebührt. Wie immer in solchen Fällen zeigte ich hierbei Etwas von dem Eifer des Entdeckers, der sich nicht wundern darf, wenn seine, selbst zweifellos richtige These von der weitergehenden Forschung später wieder ein wenig eingeschränkt wird. Hätten Giesebrecht und Kap-Herr sich mit solchen Einschränkungen begnügt, so würde ich mit keinem Wort Widerspruch erhoben, mich vielmehr über die steigende Bereicherung der wissenschaftlichen Erkenntniss nur beifällig geäussert haben. Giesebrecht und Kap-Herr sind aber sehr viel weiter gegangen und haben theils meine richtige These, theils meine auf dieselbe gebaute Darstellung vom Gang der Ereignisse völlig umzustürzen gesucht. Hiergegen protestire ich.

Wenn ich heute eine ausführliche Geschichte des zweiten Kreuzzugs zu schreiben hätte, so würde ich für die Ereignisse des Herbstes 1147 immer noch Kinnamos als Hauptquelle benutzen. Ich würde dabei wohl schärfer als früher betonen, dass wir fast nur durch diesen einen, nicht unverdächtigen Autor unterrichtet sind und dass seine Briefe und Reden den wenigst glaubwürdigen Theil seines Werkes bilden; um aber den Leser mit den griechisch-deutschen Beziehungen im Herbst 1147, welche die vornehmste Wurzel für die bald darauf folgenden entsetzlichen Katastrophen bilden, so gut als irgend möglich bekannt zu machen, würde ich ihm im Übrigen ebenso, wie in den „Studien" geschehen, das Quellenmaterial vollständig unterbreiten und hinzufügen, dass die thatsächliche Grundlage des kinnamischen Berichtes das beste Hülfsmittel zum Verständniss jener Katastrophen zu bilden scheine.

Meine Ansicht bleibt daher, dass das deutsche Kreuzheer in steigender Zuchtlosigkeit Thracien durchzog, dass König Konrad die Zügel der Leitung mehr und mehr aus der Hand verlor, dass er sich bei Konstantinopel mit seinem Schwager Manuel beinahe völlig überwarf und dass er schliesslich, um aus der unerträglichen Lage möglichst schnell befreit zu werden, gränzenlos unbesonnen nach Kleinasien und in die Niederlage hineinstürmte.

Giesebrecht und noch entschiedener Kap-Herr dämpfen dies Alles möglichst herab. Konrad habe alle Ausschreitungen seiner Truppen streng bestraft, die Reibungen zwischen Deutschen und Griechen seien schnell beendigt worden, Meinungsverschiedenheiten zwischen Manuel und Konrad hätten „keineswegs eine schroffe" Form angenommen — — und die schmachvolle Niederlage folgt dann wie ein halbes Wunder, wie ein gänzlich unvorbereitetes, räthselvolles Ereigniss. Glaube das, wer's mag!

Nachwort.

Die vorstehenden Abhandlungen über „Bernhard von Clairvaux" und „Kinnamos" waren schon vollständig gedruckt, als mir Wilhelm Bernhardi's neues Buch (Konrad III., zwei Theile, Leipzig, Duncker und Humblot, 1883) zu Gesicht kam. Dasselbe behandelt den zweiten Kreuzzug sehr ausführlich und legt mir die Verpflichtung auf, die Stellung, welche der Verfasser zu den oben erörterten Streitfragen einnimmt, hier noch in Betracht zu ziehen.

Da habe ich zunächst mit Vergnügen zu konstatiren, dass Bernhardi in der Vorgeschichte des zweiten Kreuzzugs den Fürsten Raimund von Antiochien und den Bischof Hugo von Djebeleh dieselben Rollen spielen lässt, die ich ihnen von jeher zugewiesen habe. Etwas anders steht es dagegen mit Papst Eugenius III., der nach Bernhardi (S. 516) „unzweifelhaft" der Urheber des zweiten Kreuzzugs gewesen sein oder, was dasselbe besagt, sein Kreuzzugsrundschreiben unbedingt schon am 1. Dezember 1145 verfasst und versendet haben soll. Der Leser erinnert sich, dass Neumann in der oben besprochenen Abhandlung mit der gleichen Entschiedenheit für das diametral entgegengesetzte Ergebniss eingetreten ist, während ich in dieser heiklen Frage kaum über ein „non liquet" hinauskommen zu können erklärt habe.

An neuem Beweismaterial für die Behauptung, dass Eugenius der eigentliche Urheber des Kreuzzugs sei, bringt Bernhardi nur einen

Ausspruch Alexanders III. vom Jahre 1165, auf den ihn Giesebrecht hingewiesen hat. Schon vor Monaten hat Giesebrecht auch mir diesen Ausspruch mitzutheilen die Güte gehabt, aber ich habe denselben in der obigen Abhandlung über „Bernhard von Clairvaux" trotzdem nicht verwerthet. Denn Alexander sagt nur, dass sein Vorgänger Eugenius, um Edessa wieder zu erobern, alle Welt brieflich zum Kreuzzug aufgefordert habe (Pro qua (Edessa) recuperanda ... praedecessor noster ... Eugenius papa exhortatorias per diversas partes orbis litteras destinavit . Jaffé, Reg. Pont. 7487; Rymer Foedera I 21). Ist hierin ein Beweis dafür enthalten, dass Eugenius, etwa durch Hugo von Djebeleh veranlasst, schon im Dezember 1145 und nicht erst im März 1146, sein Kreuzzugsrundschreiben in alle Welt entsendet habe? Ich vermag in Alexanders kurzen Worten Nichts zu entdecken, was für die Entscheidung unserer Streitfrage von irgend welcher Bedeutung wäre.

Ähnlich verhält es sich mit einer brieflichen Äusserung Sankt Bernhards, auf die Bernhardi, dem Vorgang Giesebrechts folgend, hohen Werth legt. Dieselbe besagt, dass auf der Versammlung zu Bourges, Weihnachten 1145, propter Dei negotium omnes convenerant (Ep. Bern. 247, Migne l. c. p. 447). Soweit ich sehe, folgert Bernhardi allein aus diesen wenigen und kritisch sehr fragwürdigen Worten (vergl. Analekt. S. 29 ff. und Neumann S. 19 f.) nichts Geringeres, als dass Eugens Kreuzzugsrundschreiben alsbald, d. h. gleich nach dem 1. Dezember 1145, in Frankreich verbreitet worden sei, dort Wirkung gewonnen habe und der Versammlung zu Bourges als ein Besprechungsgegenstand unterbreitet worden sei. Das mag Alles richtig sein, aber wir können es nicht beweisen.

Die Widersprüche endlich, die sich der Annahme, dass Eugens Rundschreiben schon nach dem 1. Dezember 1145 in Frankreich verbreitet worden sei, aus dem Wortlaut unserer bedeutendsten erzählenden Quellen (Ottos von Freising und Odos von Deuil) entgegenstellen, versucht Bernhardi dadurch zu beseitigen, dass Otto sich geirrt habe, indem er das vom 1. Dezember datirte allgemeine Rundschreiben des Papstes an Stelle des etwas später an den König von Frankreich gerichteten Sonderschreibens seinem Berichte einverleibt habe, und dass Odo von Deuil sich auf eben dieses (übrigens nur von Bernhardi postulirte und uns sonst völlig unbekannte) Sonderschreiben beziehe.

Alledem gegenüber muss ich, obgleich ich gern zugebe, dass Bernhardi's sorgfältige Forschung und festgeschlossene Darstellung einen gewinnenden Eindruck machen, dabei beharren, dass in dieser Streitfrage noch Grund genug zu einem „non liquet" vorhanden ist und von „unzweifelhaften" Ergebnissen jedenfalls nicht geredet werden darf. —

Hinsichtlich der Thätigkeit Sankt Bernhards äussert Bernhardi, „es stehe dahin, ob die Vollmacht (die der Abt von Seiten des Papstes erhalten hat) auf ein bestimmtes Land beschränkt war". Sankt Bernhard empfing die Vollmacht durch eine „generalis epistola," deren uns erhaltener „tenor" mit dem Inhalt des päpstlichen, nur an die Franzosen gerichteten Kreuzzugsrundschreibens übereinstimmt. Daraus folgerte ich, dass die generalis epistola, die der Abt erhielt, vermuthlich das Rundschreiben selber war, natürlich begleitet von dem, sei's mündlich, sei's schriftlich ertheilten Auftrag, nach

Massgabe des Rundschreibens „tanquam Romanae ecclesiae lingua" das Kreuz zu predigen. Die Beschränkung der Vollmacht auf Frankreich war hiermit von selber gegeben. Bernhardi meint dagegen, die generalis epistola sei ein besonderer, grösserer Brief Eugens an den Abt gewesen, worin „zum grossen Theil der Wortlaut des Rundschreibens" wiederholt worden und vielleicht die beschränkende Beziehung auf Frankreich fortgefallen sei. Schlechthin **möglich** ist das Eine wie das Andere. Das Nächstliegende und Natürlichste bleibt aber, dass die Vollmacht und das Rundschreiben wenigstens in allen wesentlichen Punkten, also auch in der Beschränkung auf die Franzosen, sich deckten; und zwar um so mehr, als Papst Eugenius Anfang 1147 tadelte, dass König Konrad, der ihn mit einem deutschen Heer in Italien hätte unterstützen sollen, inzwischen das Kreuz genommen hatte. Hiernach kann der Papst im Winter 1145 auf 1146 keine allgemeine Erhebung der ganzen römischen Christenheit, zum Mindesten keine Ausdehnung der Kreuzpredigt auf das staufische Deutschland gewünscht und somit wohl kaum seiner „lingua" eine **unbeschränkte** Vollmacht gegeben haben, die Gemüther **aller** Christen (animi cunctorum) zur Kreuznahme zu erregen.

Über die Enzyklika Sankt Bernhards urtheilt Bernhardi, dass dieselbe „erheblich früher als im Dezember geschrieben und wahrscheinlich zuerst — nicht etwa in Deutschland, sondern — in denjenigen Gegenden Frankreichs verbreitet wurde, in die der Abt selbst nicht kam". **Möglich** ist auch dieses, da wir auch hier, wie wir wissen, in letzter Instanz vor einem „non liquet" stehen. Aber die Gründe Bernhardi's bringen nichts Neues zur Entscheidung der Streitfrage herbei und erscheinen zum Theil durch meine oben (S. 9 ff.)

gegebene Erörterung überholt. Die Stelle „Agerem id libentius viva voce" unterstützt vielmehr meine Ansicht, als dass sie irgend Etwas gegen dieselbe zu beweisen vermöchte (s. Analekt. S. 47 und oben S. 23 f.). Der Gleichklang zwischen den Briefen Sankt Bernhards an die Speirer und seines Sekretärs Nikolaus an die Bretagner ist auch mir nicht entgangen und oben (S. 15 f.) behandelt. Und die Mahnung Sankt Bernhards, dass kein Einzelner die Kreuzfahrt vor dem Aufbruch des exercitus regni, d. h. des königlich französischen Hauptheeres beginnen sollte, macht nicht gerade wahrscheinlich, dass die Enzyklika ursprünglich in Frankreich verbreitet worden sei. Denn sie ist eine Erinnerung daran, welches Unheil dereinst der voreilige Aufbruch Peters des Eremiten und seiner Schicksalsgenossen, d. h. der Mehrzahl nach deutscher Pilger, hervorgerufen hatte, und sie findet sich überdies in jenen „Schlussabsätzen", die vermuthlich anfangs ein selbstständiges, an die Deutschen gerichtetes und von den Judenverfolgungen wie von tumultuarischem Aufbruch abmahnendes Schreiben gebildet haben (s. oben S. 11 ff.).

Meine Ansicht bleibt desshalb, dass Sankt Bernhard, wenn nicht ganz förmlich de jure, so doch de facto nur für die französische Kreuzpredigt bevollmächtigt war und dass er sich geraume Zeit lang begnügte, mündlich wie schriftlich (in letzterer Weise z. B. durch das Schreiben an die Bretagner) in Frankreich zu wirken. Die tumultuarischen Ereignisse in den Rheingegenden nöthigten ihn dann, auch dort seinen Einfluss zuerst brieflich, bald aber in eigner Person geltend zu machen. Von seinen grossen, zum Kreuzzug auffordernden Schreiben hatte er jedoch bis dahin vermuthlich noch Keines verfasst; vielmehr entwarf er das Erste derselben, das an die Speirer gerichtete, aller Wahrscheinlichkeit nach erst Ende Novembers 1146. Die Bedeutung der Speirer Adresse hat Bernhardi halb und halb anerkannt, indem er meint, sie sei vielleicht Anfang Novembers, also beinahe ebenso spät, wie ich sie ansetze, entstanden. Im Übrigen aber verknüpft er mit der Speirer Angelegenheit eine seltsame Behauptung. Denn nach seiner Ansicht (S. 526) habe Sankt Bernhard nach jenem Frankfurter Misserfolg (s. oben S. 23) keineswegs ernstlich die Absicht gehegt, nach Clairvaux zurückzukehren, sondern den Besuch des Speirer Reichstages sofort ins Auge gefasst. Sehr gelegen sei ihm desshalb die Bitte des Bischofs Hermann von Konstanz gekommen, dessen Diöcese zu besuchen, und nur zum Schein habe er sich eine Zeit lang geweigert, diesem Begehren zu willfahren. Unsere Quelle sagt ausdrücklich das Gegentheil, und noch hinter derselben in geheimen Tiefen der Seele Bernhards zu lesen, besitzen wir lediglich kein Mittel. Das Bild, welches Bernhardi giebt, ist daher in einem wesentlichen Punkte stark verzeichnet. —

König Konrads Zug durch das griechische Reich bis vor die Thore Konstantinopels erzählt Bernhardi in einer Weise, dass ich in allem Wesentlichen mein Einverständniss mit diesem Abschnitt seines Buches bezeugen kann. Das „Handgemenge" bei Adrianopel würde ich ein wenig mehr hervorgehoben haben; sonst aber sind die Übelstände, unter denen das deutsche Heer litt, die Zuchtlosigkeit desselben und die Unfähigkeit Konrads, die riesenhafte und allzu bunt gemischte Pilgermasse dauernd mit fester Hand zu leiten, offen genug zugestanden und ausserdem auch der Hauptsache nach im Anschluss an Kinnamos erzählt. Sogar die ominöse „Schlacht" vor den Thoren Konstantinopels, die bisher als ein Stück der „ungeheuerlichen Dinge" so unglaublich erschienen war, wird von Bernhardi in demselben Umfang und mit denselben Mitteln vertheidigt, wie von mir oben (S. 38 f.) geschehen ist.

Hiermit endet aber wieder die Übereinstimmung Bernhardi's mit mir. Denn trotz Allem, was zwischen Deutschen und Griechen zuletzt vorgefallen war, trotz der furchtbaren Spannung der politischen Lage und trotz der Aussagen der Quellen meint Bernhardi (S. 616), dass in den kritischen Tagen des Aufenthaltes der Deutschen bei Konstantinopel „ein freundliches Verhältniss" zwischen Konrad und Manuel bestanden habe. Meine entgegengesetzte Auffassung ist oben (S. 39 ff.; vergl. auch meinen Aufsatz „Zur Charakteristik der Staufer", Historisches Taschenbuch, fünfte Folge, neunter Band, S. 14 ff.) ausführlich begründet, doch dürfte es gut sein, hier noch an Folgendes zu erinnern.

Griechenland war damals durch den Angriff der Normannen, die feindliche Gesinnung der Franzosen und die Gereiztheit der Deutschen mit tödtlichen Gefahren bedroht. Die Gereiztheit unserer Landsleute fand ihren Ausdruck nicht allein in blutigen Zusammenstössen derselben mit den Griechen, sondern auch in dem Unterbleiben des persönlichen Verkehrs König Konrads mit seinem Schwager, Kaiser Manuel, gleichgültig ob Etiquettestreitigkeiten die einzige Veranlassung hierzu gebildet haben oder nicht.

Für Konrad wie für Manuel war darnach eine vitale Frage, ob das deutsche Heer längere Zeit bei Konstantinopel lagern werde. Geschah dies, so konnte es sehr leicht zur Vereinigung aller Kreuzfahrer gegen die Griechen, zur Belagerung von Konstantinopel kommen — entsetzlich für Manuel, entsetzlich aber auch für Konrad, dem bei seiner Feindschaft gegen die Normannen und gegenüber der Freundschaft, welche Franzosen und Normannen mit einander verband, gute Beziehungen zu den Griechen fast unentbehrlich waren. Bisher hatte er die Absicht gehegt, längere Zeit bei Konstantinopel zu verweilen und gemeinsam mit den Franzosen den Kreuzzug fortzusetzen. Wurde nun die Umwandelung seines Planes hervorgerufen durch freundschaftliche Erörterungen, die er in diplomatischem Verkehre mit Manuel austauschte, oder auch nur durch verständige Erwägungen, die er in der Stille, für sich allein anstellte?

Bernhardi meint S. 620, es lasse „sich nicht mehr erkennen, welche Momente den deutschen König bestimmten, zuletzt doch dem Wunsche Manuels nachzugeben". Trotzdem bringt er eine Reihe verständiger Erwägungen, die Konrad angestellt und denen entsprechend er seinen Plan umgewandelt haben möge. Dieselben klingen sämmtlich sehr glaubwürdig, sind vielleicht auch sämmtlich angestellt worden, nur steht leider in unsern dürftigen Quellenschriften Nichts davon.

Nach diesen wurden Konrads Stimmungen vielmehr durch etwas Anderes beeinflusst. Denn wenn auch aus allen lateinischen Berichten, wie oben (S. 42 ff.) breit genug ausgeführt ist, sich hierfür lediglich Nichts entnehmen lässt, so reden doch die griechischen Schriftsteller deutlich genug, um wenigstens ein schwer wiegendes „Moment, welches den deutschen König bestimmte", leidlich genau erkennen zu lassen. Kinnamos spricht von feindlichen Worten wie Handlungen, die Manuel gegen Konrad gebrauchte, und Niketas sagt, dass Konrad von Manuel gezwungen worden sei, den Bosporus zu überschreiten. Jede einzelne dieser Mittheilungen dürften wir allenfalls als parteiisch auf die Seite legen. Die Übereinstimmung der beiden, von einander unabhängigen und in ihren Gesinnungen einander sehr unähnlichen Autoren dürfen wir aber nicht übersehen, müssen sie vielmehr zur Feststellung des Thatbestandes verwerthen.

Ich hoffe, dass Bernhardi bei der zarten Schonung, mit der er die meisten Quellenaussagen behandelt, diese Schlussfolgerung nicht mehr ablehnen wird. Und zwar um so mehr, als er S. 617 sogar den bedenklichsten Theil des kinnamischen Berichts, jene Briefe oder Reden, auf den darin enthaltenen, das „Element der Thatsächlichkeit streifenden Zug" (s. oben S. 40) zu prüfen versucht. In dieser Beziehung möchte ich ihn noch aufmerksam machen, dass er an der Bemerkung des Kinnamos, Konrad sei auf einem λεμβάδιον λυπρόν über den Bosporus gegangen, wohl mit Unrecht Anstoss nimmt. Es ist das ja selbstverständlich ein absichtlich übertreibendes, bitter höhnisches Wort des hochmüthigen Byzantiners, dem aber vielleicht die Thatsache zu Grunde liegt, dass Konrad — nach Kinnamos — das kaiserliche Schiff, δρόμωνα τὸν βασίλειον, zur Überfahrt gefordert und nicht erhalten hat.

Durch den feststehenden allgemeinen Gang der Ereignisse wie durch die Aussagen der griechischen Quellen sind wir desshalb nach meiner Ansicht genöthigt, als das Wahrscheinlichste zu bezeichnen, dass Konrad und Manuel während des Aufenthaltes der Deutschen bei Konstantinopel in gereizter Stimmung einander gegenüber standen; dass ferner Manuel, ein kühner und stolzer Herrscher, es wagte, durch mancherlei drastische Mittel — vielleicht durch Zulassung eines blutigen Zusammenstosses der beiderseitigen Truppen, durch verletzende Schroffheit in Etiquettefragen (Verweigerung des kaiserlichen Schiffes), durch Drohungen mit offenem Kriege u. dergl. m. — dem leider sehr fahrigen deutschen König den furchtbaren Ernst der Lage zu Gemüth zu führen; und dass Konrad, nachdem ihm endlich die Augen aufgegangen waren, erschrocken über die peinvolle Lage, in der nicht bloss Manuel, sondern auch er sich befand, von dem heissen Verlangen ergriffen wurde, so schnell wie möglich den Aufenthalt bei Konstantinopel wie den ganzen Kreuzzug überhaupt zu beenden. Ein ernster Zusammenstoss zwischen Deutschen und Griechen wurde hiermit glücklich vermieden, die innere Auflösung des deutschen Heeres jedoch in verhängnissvoller Weise gesteigert.

Gegen alles Dieses wünscht Bernhardi vielleicht den Einwand zu erheben, dass sich doch wenigstens aus einem der lateinischen Berichte, nämlich aus der detailreichen Erzählung der Würzburger Annalen, nicht bloss ein Bild der allgemeinen Beziehungen zwischen Konrad und Manuel während des Herbstes 1147, sondern auch eine Bestätigung des freundlichen Verhältnisses der beiden Herrscher während des Aufenthalts der Deutschen bei Konstantinopel gewinnen lasse. Ich kann dies aber, da ich die Würzburger Annalen überhaupt anders beurtheile als Bernhardi, nicht zugeben. Doch glaube ich dies zugleich mit der Erörterung, die ich jetzt noch an Bernhardi's Schilderung vom Rest des deutschen Kreuzzugs knüpfen will, hinreichend erledigen zu können.

Diese Schilderung ruht auf sorgfältiger, hier und da zu kleinen neuen Ergebnissen vorgeschrittener Forschung. Es erscheint mir z. B. glaublich, dass die Deutschen nicht bloss bis Doryläum, sondern noch einige wenige Meilen weiter südöstlich vorgedrungen sind; und ebenso ist mir, wenn auch nicht „unzweifelhaft", so doch wahrscheinlich, dass ihr Feldzug vom Aufbruch von Nicäa bis zur Rückkehr an diesen Ort im Ganzen etwa 18 Tage (statt 14 oder 16—17 Tage) gedauert habe, und dergl. m. Ich kann aber nicht finden, dass das Gesammtbild dieses Feldzugs dadurch wesentlich verändert oder gar die Niederlage der Deutschen von dem Vorwurf schweren eigenen Verschuldens, den Bernhardi nicht mehr erhebt, zuverlässig befreit wird.

König Konrad hegte beim Beginn des Feldzugs die verständige Absicht, sein Heer zu theilen, allein mit der Ritterschaft gegen die Seldjuken zu reiten und den ungeheuren Tross auf gefahrloseren Wegen nach Syrien zu schicken. Die Zucht im Heere war aber schon so aufgelöst und das Ansehen des Königs so tief gesunken, dass die Theilung nur unter revolutionären Scenen und so unvollkommen ausgeführt wurde, dass die Ritterschaft noch immer von grossen Trossmassen belastet blieb und die abgetrennte, allzu kleine Schaar jammervollem Untergang Preis gegeben wurde.

Das Haupttheer versah sich vor dem Abmarsch mit so vielen Lebensmitteln, als in der Eile zu haben waren. Dass man bei längerer Vorbereitung des Zuges mehr Lebensmittel hätte herbeischaffen können, dürfte ziemlich sicher sein, da die Zustände des griechischen Kleinasiens in diesem Augenblick hierfür günstiger waren als bei manchem andern Kreuzzug. Voll Ungeduld, an den Feind zu kommen, begnügte man sich jedoch, wie es scheint, mit dem, was die griechischen Führer zur Durchschreitung der phrygischen Einöde für gerade hinreichend erklärten, während die Zusammensetzung des

Heeres, die langsame Märsche in Aussicht stellte, zur Ansammlung beträchtlicherer Vorräthe, überhaupt zur sorgfältigsten Vorbereitung des Unternehmens hätte mahnen sollen.

Als die Lebensmittel zu Ende gingen, machte die blinde Wuth der Pilger, vor der die griechischen Führer das Weite suchten, das Übel nur ärger.

Beim Zusammenstoss mit den Feinden waren die Kreuzfahrer zwar möglicher, aber keineswegs wahrscheinlicher Weise schon kampfunfähig. Wie hätten sie sonst noch den langen und schrecklichen Rückzug überstehen können? In dem Wirrwarr der Nachrichten scheint am Annehmbarsten, dass tapfere Reiterschaaren, an denen es unter den Pilgern nicht fehlte, voll unbesonnener Hitze auf die Gegner losstürmten (vermuthlich in leidlich ebener Gegend, wenigstens nicht in Bergesengen), hierbei ihre Pferde, wie so manche Christenhaufen im Kampf mit den Seldjuken, nutzlos ermüdeten und beim Gegenstoss der Letzteren schmerzliche Verluste erlitten. Die Lage war aber auch darnach schwerlich so ganz verzweifelt, wie man dies darzustellen liebt. Denn welche unerhörten Drangsale haben nicht (vor und nach 1147) begeisterte Kreuzheere, trotz ganz ruinirter Reiterei, siegreich bestanden! Indessen die staufische Ritterschaft, oder mindestens König Konrad selber, war schon längst nicht mehr mit rechtem Herzen bei der Sache. So wich man beim ersten Zusammentreffen ernster, aber wohl kaum unüberwindlicher Übelstände kläglich zurück, ähnlich wie die Kreuzfahrer von 1101.

Während des Rückzugs kam das Heer auseinander. An der Spitze marschirten oder fochten der König, die Fürsten und die meisten Ritter. Hinter ihnen dehnte sich der Tross endlos aus, allein gedeckt von dem Grafen Bernhard von Plötzkau und dessen Mannschaft. Diese Nachhut wurde von den Seldjuken überwältigt, ohne dass die in grosser Unachtsamkeit zu weit vorausgeeilte Hauptkraft des Christenheeres hiervon rechtzeitige Nachricht bekam; und von nun an wütheten Hunger, Angst und Feindeswaffen in grauenvollem und unwiderstehlichem Verein unter den unglücklichen Kreuzfahrern.

Fasst man diesen Gang der Dinge ins Auge, so darf man — selbst zugegeben, dass die Deutschen, vor Allem der König und die Seinen, in diesem oder jenem Punkte entschuldigt oder gerechtfertigt werden könnten — wohl sagen, dass die entsetzliche Niederlage nicht bloss wie ein jäher, unvermeidlicher Schicksalsschlag, sondern mehr wie eine arge, durch eigene Verschuldung herbeigeführte Schmach betrachtet werden muss, und dass die Ursachen, die in diesen Abgrund des Unheils hinein drängten, grossentheils in jenem Aufenthalt bei Konstantinopel, der dem König den ganzen Kreuzzug verleidete, zu suchen sind.

Die anders gefärbte Darstellung, welche Bernhardi giebt, stützt sich zum Theil auf zwei Quellen — auf die Würzburger Annalen und auf Gerhoh's Buch de investigatione Antichristi —, die ich früher rückhaltlos verworfen habe, während sie — nach Bernhardi's Meinung — doch recht viel Brauchbares enthalten sollen.

Von den Würzburger Annalen (Mon. Germ. L. XVI 3 ff.) habe ich in den „Studien" (S. 31 ff.) behauptet, dass sie als geschichtliche Quelle vollkommen unbrauchbar seien und im Wesentlichen nur auf einer lokalen Sagenbildung zu beruhen scheinen. Ich finde nicht, dass Bernhardi mein Urtheil irgendwie widerlegt hat. Die Fehler, die ich diesen Annalen nachgewiesen habe (dieselben liessen sich leicht noch vermehren), bleiben sämmtlich bestehen, und zwar sowohl die einzelnen Irrthümer wie die Mängel der ganzen Auffassung. Der Versuch, hier Wahrheit und Dichtung von einander zu scheiden, hat mich zwar einen Augenblick lebhaft interessirt. Denn wir haben wahrlich auch die Pflicht, sagenhaft oder tendentiös infizirte Berichte auf den Kern echter Überlieferung, der in ihnen stecken mag, zu untersuchen. Wie man aber aus dieser sehr stark infizirten und dabei wenig umfangreichen Erzählung solchen Kern soll herausschälen können, das vermag ich bis jetzt nicht einzusehen. Erzeugnisse der unbewusst dichtenden Phantasie und Anklänge an den wahren Hergang der Ereignisse reihen sich in bunter Verschlingung an einander. Die „Anklänge an den wahren Hergang" sind ausserdem sehr fragmentarisch und zeigen nur, dass der Autor ganz vereinzelt Richtiges gehört hat. Alles Übrige ist entweder nachweisbar falsch oder von dem Verdacht der Falschheit nicht zu befreien. Es fehlt mithin jede Möglichkeit begründeten kritischen Eingreifens.

Bernhardi kommt, indem er dies dennoch versucht, auf gefährliche Abwege. Die Annalen erzählen — um nur dies eine Beispiel anzuführen —, dass Konrad während seines ersten Aufenthalts bei Konstantinopel mit Manuel in freundschaftlichen persönlichen Verkehr getreten sei, wobei der Kaiser dem König eine lange Rede betreffs des Kreuzzugs gehalten habe. Der persönliche Verkehr hat nicht stattgefunden; die Rede ist also auch nicht gehalten worden; trotzdem sagt Bernhardi (S. 621): es haben damals zwischen den Herrschern „Verhandlungen stattgefunden, deren Inhalt der Autor (der Annalen) doch nicht so unrichtig aufgefasst hat". Was aber damals für Verhandlungen zwischen Manuel und Konrad stattgefunden haben, davon (weiss wenn wir von den vielberufenen kinnamischen Briefen absehen) weder Bernhardi noch ich noch sonst Jemand irgend Etwas.

In ähnlicher, kritisch unhaltbarer Weise benützt Bernhardi (S. 615) die Notiz Arnold's (Mon. Germ. S. XXI 122), dass Konrad und Manuel damals zwar über Etiquettefragen viel gestritten, schliesslich aber zu Pferde sich begrüsst und geküsst hätten. Begegnet sind die Herrscher einander weder zu Fuss noch zu Pferd, und Arnolds Notiz ist, da zu ihrer Kritik sonst kein Stoff vorhanden, einfach bei Seite zu legen. Bernhardi's Bemerkung, dass der Vorschlag der Begrüssung zu Pferde zwar nicht ausgeführt worden, vielleicht jedoch geschehen sein möge, beruht auf einer unerlaubten Vermittelung zwischen Sage und Geschichte.

Nicht solcher Vermittelung, dagegen einer, wie mir scheint, irrigen Auslegung der Quellen macht sich Bernhardi dort schuldig (S. 650 f.), wo er von der Rückkehr König Konrads von Ephesus nach Konstantinopel spricht. Weil er jedoch an der erwähnten Stelle das Quellenmaterial (Würzburger Annalen, Wilhelm von Tyrus, Kinnamos, einen Brief Konrads u. s. w.) in erschöpfender Vollständigkeit abdruckt, und Jedermann dasselbe mithin leicht prüfen kann, so will ich nur meine Ansicht über den „muthmasslichen Hergang" kurz mittheilen. Konrad hat darnach Ephesus zu Schiff verlassen. Bis an irgend einen Hafenplatz auf der europäischen Seite des Hellesponts sind ihm der Kaiser und die Kaiserin entgegengekommen. Von dort sind sie zusammen nach Konstantinopel zurückgekehrt. — Diese Ansicht ruht, wie noch hervorgehoben werden mag, nicht auf schwächlicher Vermittelung einander widerstreitender Quellenaussagen. Denn in den Hauptpunkten ergänzen dieselben sich vielmehr, als dass sie einander widerlegten, so besonders Konrads briefliche Worte und der „im Thatsächlichen" beachtenswerthe Bericht des Kinnamos. Hinsichtlich Propst Gerhoh's Buch de investigatione Antichristi (neueste Ausgabe: Scheibelberger, Linz 1875) behauptet Bernhardi, dass ich an zwei Stellen dem Verfasser „ganz unbegründete Vorwürfe" gemacht habe. Obwohl, namentlich wegen der einen Stelle, nicht ganz davon überzeugt, will ich diesen Streit auf sich beruhen lassen, denn meine Auffassung Gerhoh's bleibt trotzdem vollständig zu Recht bestehen. Die kurze und noch dazu an sicher greifbarem Inhalt sehr arme Erzählung des Propstes ist einerseits verunziert durch eine beträchtliche Reihe kleinerer Fehler, zu denen man (weil Bernhardi, wie angedeutet, zwei derselben nicht anerkennen will) noch hinzunehmen mag die durchweg irrige Darstellung des Verhältnisses zwischen Deutschen und Griechen im Herbst 1147 (l. c. cap. 68: Ubi Romanorum rex — intendentibus) und die hinsichtlich der militärischen Massregeln in mehr als einem Punkte falsche Schilderung der Belagerung von Damaskus (l. c. cap. 71) — — andererseits aber (und das ist die Hauptsache) ist dieses wunderliche Buch von einer mit höchster Leidenschaft zur Schau getragenen Tendenz beherrscht. Alle Berichte, die, so zu sagen, in der Schusslinie dieser Tendenz liegen, sind selbstverständlich äusserst verdächtig und sollten nie und nimmer für ernste Geschichtschreibung verwerthet werden. Dahin rechne ich die thörichte Vorstellung, dass die Griechen künstliche Veranstaltungen getroffen hätten, um die Kreuzfahrer bei Chörobacchi zu ertränken; dahin die Jagdgeschichte von den Mauern, welche die Pilger aus den Leichen erschlagener Kameraden zum Schutz gegen die Kälte oder die Pfeile der Türken um sich gebildet hätten; dahin auch das Märchen von dem cuprum fucatum, womit die christlichen Verräther vor Damaskus betrogen worden seien.

Von den Leichnamen, die zum Schutz gegen die Kälte gedient haben sollen, erzählt Gerhoh am Schluss seines Berichts, wo er die Leiden der Kreuzfahrer summarisch rekapitulirt. Suchen wir nach der Episode des Kreuzzugs, auf welche allenfalls diese Mittheilung sich beziehen könnte, so werden wir auf das Schicksal Ottos von Freising und seiner Schaar geführt, denn von diesem Bischof, und von ihm allein, sagt Gerhoh, er sei gelu confectus (cap. 70) gewesen. Geben wir aber immerhin zu, dass Gerhoh bei seiner Rekapitulation vielleicht auch den Feldzug Konrads im Auge gehabt habe, und stellen wir sogar die äusserst schwache Möglichkeit nicht in Abrede, dass „die Kälte auf dem phrygischen Hochlande" (Bernhardi S. 637), auf dem es im Herbst sehr trocken und ebenso warm zu sein pflegt, schon im Oktober ungewöhnlich streng gewesen sein könne, so dürfen wir davon doch nicht eher sprechen, als bis uns andere Quellen, was bis jetzt nicht der Fall ist, hierüber berichten. Gerhoh's Worte theilen nur „Horribilia" mit, die der Tendenz, die Grässlichkeit der Kreuzzugskatastrophe ins Ungeheure zu steigern, ihre Entstehung verdanken. Dieselbe Tendenz brachte ja den Propst auch dazu, die gesammte Kreuzfahrermasse, von der nur paucae reliquiae zurückgekehrt seien, (cap. 77) auf sieben Millionen zu schätzen.

Mit dem Märchen von der damascenischen Falschmünzerei, ja mit der ganzen Geschichte von der Bestechung der Verräther hat es eine ähnliche Bewandtniss. Denn einerseits liegen uns die politischen Gründe, welche die Jerusalemiten zum Verrath bewogen haben, so deutlich vor Augen, dass wir zur Erklärung desselben die Bestechung nicht nöthig haben, andererseits ist die letztere, obwohl hundertfach von ihr die Rede ist, durchaus nicht genügend verbürgt. Wilhelm von Tyrus, die beste Quelle, die wir hierfür besitzen, kommt, wie ich in den Analekt. (S. 73) sagte, zu dem Ergebniss, „dass man wohl den schmählichen Verrath beklagen, aber einen weiteren bestimmten Vorwurf, also auch den der Bestechung, nicht aussprechen kann". Bernhardi meint (S. 677), dass ich mich hierbei geirrt habe, weil Wilhelm den Vorwurf der Bestechung „mit aller Klarheit" ausspreche und nur die Personen der Bestochenen nicht namhaft machen zu können erkläre. Ich glaube, dass hierdurch gerade die Richtigkeit meiner Bemerkung bezeugt wird. Wenn in einem Bestechungshandel viele Personen, wie damals geschehen, als bestochen angeklagt, vor das Gericht der historischen Forschung gezogen und insofern frei gesprochen werden, als keiner einzelnen derselben das Verbrechen nachgewiesen werden kann, so fällt damit auch die Thatsache der Bestechung als unbewiesen zu Boden. Wilhelm von Tyrus widerspricht, indem er an einer Stelle (XVII 5) die Bestechung behauptet, an anderer Stelle (XVII 7) keine Bestochenen sicher nennen zu können erklärt, nicht bloss sich selber, sondern gibt damit auch einen neuen Beweis, wie eigenthümlich, widersprechende Nachrichten weichlich vermittelnd er gearbeitet hat. Die ihm von allen Seiten entgegen getragene Behauptung, dass die schnöden Verräther bestochen worden seien, wagt er nicht unberücksichtigt zu lassen; trotzdem aber ist er ehrlich genug, hinzuzusetzen, dass er eigentlich von der ganzen Sache Nichts wisse.

Die Bestechung könnte hiernach höchstens dann für erwiesen erachtet werden, wenn eine streng glaubwürdige Erklärung des Bestechers, des Emirs von Damaskus, dass er das Geld gezahlt habe, vorhanden wäre, oder wenn das gezahlte Geld selber irgendwie nachgewiesen werden könnte. Aber weder für das Eine noch für das Andere lassen sich brauchbare Quellenstellen namhaft machen. Im Gegentheil, das offenbare Märchen, dass hunderttausende von zumeist verfälschten, aus vergoldetem Kupfer bestehenden Goldstücken gezahlt worden seien, macht die Bestechung selber nur noch verdächtiger. Mathematisch gesprochen, wäre es ja möglich, dass der Emir von Damaskus Säcke voll falschen Geldes für irgend ein politisches Trugspiel in Bereitschaft gehalten und erstaunlicher Weise die sonst recht geriebenen Jerusalemiten damit übergaunert hätte; aber wer darf denn solchen Dingen, die noch unter den „Horribilia" stehen, Glauben schenken, zumal wenn sie uns nur durch Quellen äusserst zweifelhaften Werthes — und dazu gehört in dieser Frage auch Wilhelm von Tyrus — bezeugt werden? Es thut mir Leid, bei Bernhardi zu lesen (S. 677), es scheine ihm sehr glaublich, dass der Emir die Jerusalemiten mit meist falschem Gelde betrog.